Liebesgott Yngvi-Freyr

Liebesgott
Yngvi-Freyr

Der germanische Gott des Glücks,
der Sexualität und Fruchtbarkeit

Baron Árpád von Nahodyl Neményi

Altheidnische Schriften

Umschlagbild: Freyr und sein Diener Skírnir. Zeichnung von Alexander Zick.

Buchbeschreibende Angaben der Deutschen Nationalbibliothek:
Die Deutsche Nationalbibliothek verzeichnet diese Veröffentlichung in der Deutschen
Nationalbibliographie; genauere buchbeschreibende Angaben sind im Weltnetz
über www.dnb.de abrufbar.

Herstellung und Verlag: BoD – Books on Demand, Norderstedt
ISBN 978-3-7557-7039-8

Inhalt

Vorwort

Freyr oder Yngvi-Freyr, deutsch Ing-Fro, ist der altheidnische Fruchtbarkeitsgott. Über Ihn gibt es einige Überlieferungen, die uns helfen können, diese Gottheit, die es wirklich gibt, zu verstehen und in unser Leben einzubeziehen.

In unserer säcularisierten Gesellschaft ist Religion zu einer unwissenschaftlichen, sentimentalen Privatsache für Schwärmer oder sogar Fanatiker geworden. In den Medien kommt Religion selten und meist in kritischer Betrachtungsweise vor, und alle religiösen Vorstellungen, die gegen den materialistisch-rationalen Mainstream stehen, werden als überholt, altmodisch, unfrei oder gar gefährlich hingestellt. Gerade noch halbwegs toleriert wird der biblische Eingottglaube, sowie die Religionen der Einwanderer. Einheimischer alter Polytheismus gehört nicht dazu, und bis heute konnte keine neu- oder altheidnische Gemeinschaft in Deutschland den Status einer „Körperschaft des öffentlichen Rechtes" erlangen, den die christlichen Kirchen und jüdischen Gemeinden hierzulande schon lange innehaben. Das bedeutet weniger Rechte für Heiden, keine finanzielle Förderung und soziale Ausgrenzung in den Medien. Anders sieht es in den skandinavischen Ländern aus; auf Island sind die Neuheiden seit 1972 staatlich anerkannt und den christlichen Kirchen gleichgesetzt; auch in Dänemark ist es so, ähnlich in Schweden, Norwegen und den baltischen Staaten.

Es ist also schwer, über altheidnische Vorstellungen oder gar Gottheiten aus der Sichtweise des Anhängers dieser Gottheiten zu schreiben; nur eine rein wissenschaftliche Betrachtung ist allgemein toleriert, allerdings auch nur, wenn diese von anerkannten Wissenschaftlern der Universitäten kommt, nicht von sog. „Laienforschern". Und allzu leicht werden auch etablierte Wissenschaftler ausgegrenzt, wenn sie nicht das herausfinden, was gerade erwünscht ist, sondern eigene Forschungsergebnisse vorlegen.

Dieses Buch wird sich nun aus der altheidnisch-religiösen Sicht eines Goden (Priesters), der ich seit 1985 bin, mit dem Gott Freyr befassen; daß ich auch Skandinavistik studiert hatte, erwähne ich nur am Rande. Mein Interesse ist es, keine unhaltbaren Spekulationen aufzubringen, sondern alle Deutungen auf die Quellen zu stützen, denen ich hier daher viel Raum einräume. So kann der geschätzte Leser jede Schlußfolgerung selbst nachvollziehen und selbst entscheiden, ob er sie für glaubwürdig hält, oder ob er sie für sich ablehnt. Durch die Quellen sprechen quasi unsere heidnischen Vorfahren direkt zu uns; keine andern Texte bringen uns so nahe an die geistige Welt unserer Ahnen heran, wie die primären Textquellen.

Die isländischen Sonderzeichen (Þ, þ = stimmhaftes th; ð = stimmloses th, dh, d; ǫ = ou, au; ø, œ = ö) behalte ich bei.

Bad Belzig, 2022

Kapitel 1

Name und Zuständigkeit

Der Gott, vom dem hier die Rede ist, trägt in der Mythensammlung der Edda den Namen „Freyr". Dies bedeutet einfach nur „Herr" (indogerm. *prŏ, „vorwärts, vorn", althochdeutsch frō, „Herr, Gott", mittelhochdeutsch vrōn, „heilig, herrschaftlich", vgl. Frondienst, „Dienst für den Herrn", Fronleichnam, „der Leichnam des Herrn", frönen, „sich einer Leidenschaft ergeben") und ist somit kein Eigenname, sondern eine Anrufung, die zu einer Art Ersatznamen geworden ist, ähnlich wie „Freyja" („Herrin") auch nicht der richtige Eigenname der Liebensgöttin ist. Der Name Freyr kommt im Süden als „Fro" vor, in Dänemark auch in der Form „Frø"; er fiel zusammen mit dem Begriff „Frö" („Same, Saat"). Adam von Bremen beschreibt ein Kultbild des Gottes und nennt ihn dabei „Fricco" (altnord. friðkán, „Liebhaber, Buhler"). Diese Namensform, vielleicht eine latinisierte Schreibweise, hat Adam von Bremen sicher aus Deutschland, wo sie ja schon bei Karl dem Großen 802 bezeugt ist, aber hier kommen auch die gleichbedeutenden Schreibweisen „Freckyo" oder „Frickyo" vor.

Neben diesen Anrufungsnamen finden wir aber in den Überlieferungen auch noch den richtigen Namen Ing, *Ingwaz, Yngvi oder Ingunar; bei Tacitus in der Germania werden die Ingävonen (Ingwini, „Ing-Freunde") genannt, bei den Goten ist Enguz als Name der Rune *Ingwaz überliefert, bei den Celten Óenguz, in lateinischen Texten finden wir Ingadeus („Gott Ing"). Diese Namen werden mit „der Junge, Nachkomme, Sohn" übersetzt, schwedisch yngling, gotisch enguz, indogermanisch *iuuen („jung"), altindisch yúvan, lateinisch iuvenis; davon auch iūnior („jünger"), Junge, Jugend. Mich überzeugt diese Deutung nicht, da mir hier das „n" in den Formen fehlt, welches im Götternamen vorhanden ist.

Der Laienforscher Ludwig Gruber brachte den Namen Ing mit einem vermuteten indogermanischen Urwort aus dem Stamme altindisch Agni, lateinisch ignis, litauisch ugnis, altslawisch ogni „Feuer" zusammen, unter Annahme einer Kontaktversetzung von „gn" zu „ng", die in der Rückversetzung der germanischen Endung „ing" zur lateinischen Endung „ign" in lateinischen Texten ein Gegenbeispiel habe. Dazu bringt er das grönländische Lehnwort i(n)gneq („Feuer"), welches auf ein ähnlich lautendes germanisches Wort gleicher Bedeutung hinweist, welches später ausgefallen ist[1].

Daß die überlieferten Namensformen das erste „n" vermissen, muß diese Deutungen nicht haltlos machen. Wir finden ganz ähnliche Abwandlungen auch bei anderen Namen. So lautet der Name der Götterfamilie der Ásen bei Jordanis[2] in dessen „Gotengeschichte" Ansis („Ansen"), auch finden wir den gotischen Eigennamen Ansila, den burgundischen Ansemundus, den langobardischen Ansegranus und weitere Namen wie Anshelm, Ansperht sämtlich mit dem „n", obwohl sich alle auf die Ásen beziehen.

Wenn also der Name Ing etwas mit dem vedischen Feuergott Agni zu tun haben sollte, wäre das eine sehr hilfreiche und überzeugende Deutung, die auch zur Darstellung Freys mit rotem Gewande (s. Abb. 15, S. 105) paßt. Im Rigveda kommen darüberhinaus verschiedene Erscheinungsformen Agnis vor, nämlich ein Wasser-Agni, ein Blitz-Agni oder Sonnen-Agni.

Dies würde dann auch damit zusammenpassen, daß Freyr über Regen und Sonnenschein herrscht, wie uns Óðinn selbst in der Gylfaginning 24 erzählt[3]:

»Njǫrðr in Nóatún zeugte seitdem zwei Kinder. Der Sohn Freyr und die Tochter Freyja. Sie waren schön von Antlitz und mächtig. Freyr ist der berühmteste unter den Ásen. Er herrscht über Regen und Sonnenschein und das Wachstum der Erde, und ihn soll man anrufen um gutes Jahr und Frieden [árs ok friðar]. Er herrscht auch über das Reichtumsglück der Menschen.«

Hier erfahren wir bereits die Zuständigkeit des Gottes: Glück, Reichtum, Regen, Sonnenschein, Wachstum, gute Ernte, Frieden.
In der Víga Glúms Saga[4] wird der Streit um den Acker Vitazgjafi („Sichergeber") erzählt, weil dieser Acker immer eine gute Ernte trug. Das lag wohl daran, daß in der Nähe ein Freyshof (Freys-Tempel) war und der Acker ein Freysacker gewesen ist. Ähnlich in Südmøre, Norwegen, wo sich ein Ort Frøisin befindet, wo das Korn nach der Sage niemals erfriert.

Einen Sonnenbezug finden wir in der Gísla Saga Súrssonar aus der Mitte des 13. Jh.[5]:

»Es geschah auch etwas, was viele Leute für etwas nie Dagewesenes hielten; niemals blieb der Schnee auf der Südseite von Þórgríms Grabhügel liegen, noch fror es dort; und darum meinten die Leute, Þórgrímr sei seiner Opfer wegen ein solcher Liebling Freys gewesen, daß er nicht zuließ, daß es zwischen ihnen fröre.«

Im Eddalied Lokasenna 37 sagt Týr über Freyr[6]:

*»Freyr ist der beste von allen kühnen Reitern
Die die Äsengehege bergen:*

11

Keine Maid betrübt er, keines Mannes Weib,
Und löst einen jeden von Fesseln.«

Er beglückt also Mädchen und Frauen, und die Gefangenen befreit er von ihren Fesseln. Nach der Ynglinga Saga 10 (s. Seite 54f) ist Freyr auch Friedensgott. Er ist natürlich auch Gott der (männlichen) Sexualität und Potenz.

Regelrechte Beinamen kennen wir kaum, eher ehrende Beifügungen. Zu dem schon erwähnten „bestr allra ballriða" („der Beste aller Kampfreiter") in den Locasenna 37 finden wir die Bezeichnungen „folkvaldi goða" („Kriegsvolkwalter der Götter") in den Skírnisfǫr 3 neben „inn fróði („der Kluge, Reiche") in Skírnisfǫr 2, dann „ása jaðarr" („Herr der Ásen") in den Lokasenna 35 und „folkum stýrir" („Anführer der Scharen") in der Húsdrápa des Skálden Úlfr Uggason[7].

Der in der Ynglingasaga 10 sowie dem Flateyjarbók[8] erwähnte Beiname „veraldar goð" („Weltengott" bzw. „Gott der weltlichen Dinge") wurde von den Lappen übernommen. Sie verehrten den Gott Freyr unter dem Namen Waralden Olmay („Welten-Gott"), dem man Hacken und Spaten aus Holz opferte, wie die Nærø-Handschrift berichtet.

Freyr ist Sohn des Meeres- und Reichtumsgottes Niǫrðr und seiner Schwester und Gemahlin; Skaði ist Freys Stiefmutter. Freys Schwester ist die Liebesgöttin Freyja (Frova), über die ich schon in einem eigenen Buch geschrieben habe[9]. Freys Gemahlin ist die riesenentstammte Gerðr, beider Sohn ist Fjǫlnir, der wiederum Vater Sveigdirs ist. Es werden in den Sólarljóð 79 auch noch neun Töchter Njǫrðs erwähnt, also 9 Schwestern Freys, die man als neun Wellen deutet. Alle sind Vanengötter; die Vanen sind eine eigene Göttersippe und kämpften einst gegen die Ásen. Am Ende schlossen die

Götter aber Frieden, und die Familie Freys kam zu den Ásen als Geiseln, wie die Ynglinga Saga 4 erzählt[10]:

»Óðinn zog mit einem Heer gegen die Vanen, aber die waren wohl gerüstet und verteidigten ihr Land, und so siegte bald dieser, bald jener. Beide verheerten des andern Land und fügten sich gegenseitig Schaden zu. Aber als ihnen beiden der Streit über wurde, verabredeten sie untereinander eine Zusammenkunft zur Versöhnung. Sie schlossen einen Friedensvertrag und stellten sich gegenseitig Geiseln. Die Vanen gaben ihre vornehmsten Männer heraus, Njǫrðr den Reichen und seinen Sohn Freyr, die Ásen dagegen einen Mann namens Hœnir. Sie sagten, der schicke sich sehr wohl zum Häuptling. Er war ein großer und sehr schöner Mann. Mit ihm sandten die Ásen den Mímir, einen sehr weisen Mann, und die Vanen stellten dafür den Klügsten aus ihrer Schar, der Kvasir hieß (…)
Óðinn machte Njǫrðr und Freyr zu Tempelpriestern und sie wurden „Diar" *[Oberpriester] unter dem Volk der Ásen. Die Tochter des Njörðr hieß Freyja. Sie war Tempelpriesterin. Sie lehrte zuerst den Ásen den Seiðr [Zauber], wie er bei den Vanen üblich war.«*

Der Ásen-Vanen-Mythos wurde übrigens als Wechselmythos zwischen Tag und Nacht gedeutet. Die Vanen sind keine Gottheiten von Urvölkern, die von den Indogermanen bekämpft wurden, da es diese Einteilung auch in den andern Mythologien gibt, etwa die olympischen Götter und die Titanen. Und letztendlich stammen auch die Vanen von Óðinn ab, wenn man Óðins Name „Alfǫðr" („Allvater, Vater aller Wesen") oder die griechischen Verwandtschaftsverhältnisse zwischen Titanen (= Vanen) und olympischen Göttern (= Ásen) berücksichtigt.

In der Ynglinga Saga ist Freyr bereits in Vanaheimr geboren, in den Gylfaginning 24 aber erzeugt Njǫrðr Seine Kinder erst in Nóatún, Seinem Reich, welches doch als zu Ásgarðr gehörig angesehen wird. Diesen Widerspruch kann man nur lösen, indem man von einer Textvereinfachung ausgeht: Njǫrðr zeugte im zu Ásgarðr gehörigen Nóatún nur noch Seine Tochter Freyja, Freyr war schon in Vanaheimr geboren worden. Freyja kann also später, wie im Venus-Aphrodite-Mythos, aus dem Meere geboren worden sein; diese Vorstellung gab es auch bei den Víkingern. Das Meer aber ist ja unser Nóatún („Schiffs-Stätte", Umschreibung für das Meer).

Die Attribute, mit denen Freyr dargestellt oder beschrieben wird, sind die Kornähre, die Sichel, der Phallus und der goldene Eber Gullinborsti („Goldborstig"). Sein Roß heißt Blóðughófi („Blutighuf"). Ein weiteres Attribut ist das Schiff Skíðblaðnir; nach der Ynglinga saga[11] ist es allerdings Óðins Schiff. Es wurde von Ívaldis Söhnen gebaut und als ein Bild für die Wolken gedeutet. Ívaldi bedeutet „in der Eibe waltend", aber es wurde auch direkt auf den Gott bezogen, indem man ein *Inhuwaldan annahm und es mit „Ing waltender" übersetzte.

Über Skíðblaðnir erfahren wir mehr in der Jüngeren Edda, Gylfaginning[12]:

»Da fragte Gangleri: „Was ist von Skíðblaðnir zu berichten, welches das beste der Schiffe sein soll? Gibt es weder ein ebenso gutes Schiff als dieses, noch ein ebenso großes?'" Hárr antwortete: „Skíðblaðnir ist das beste Schiff und das künstlichste; aber Naglfari, das Muspell besitzt, ist das größte. Gewisse Zwerge, die Söhne des Ívaldi, schufen Skíðblaðnir und gaben das Schiff dem Freyr: Es ist so groß, daß alle Ásen mit ihrem Gewaffen und Heergeräte an Bord sein können, und sobald die Segel aufgezogen sind, hat es Fahrwind, wohin es auch steuert. Und will man es nicht gebrauchen, die See damit zu befahren, so ist es aus so vielen Stücken und mit so großer Kunst gemacht, daß man es wie ein Tuch zusammenfalten und in seiner Tasche tragen kann".
Da sprach Gangleri: „Ein gutes Schiff ist Skíðblaðnir und gar große Zauberei mag dazu gehört haben, es so kunstreich zu schaffen".«

Abb. 1: Freysfigürchen aus Rällinge Krs. Lunda, Södermannland, 11. Jh.

Der Name Skíðblaðnir wird übersetzt mit „etwas aus dünnen Holz-stücken Zusammengesetztes" oder „hölzerne Ruder habend", aber eigentlich beinhaltet das Wort nur die Bestandteile skíð („Schnei-den", „Scheit", Holzscheit) und blað („Blatt", Ruderblatt). Das Schiff, welches durch Luft und Meer fliegen kann, und bei Be-darf ganz klein gefaltet und eingesteckt werden kann, wurde über-einstimmend als Bild der Wolken gedeutet, die ja auch am Boden oder über dem Meer als Nebel sein können, aber auch hoch am Himmel oder gar nicht sichtbar sind. So ein Wunderschiff, welches über Wasser, Land oder Luft fahren kann, hat sich noch in einigen russischen Märchen erhalten, was wohl auf die varägischen Víkin-ger und Goten zurückzuführen ist.

Unbestritten zeigt ein etwa 10 cm großes bronzenes Figürchen aus Rällinge, Kreis Lunda, Södermannland, Schweden aus dem 11. Jh. den Gott Freyr mit Phallus (Abb. 1). Es ist wahrscheinlich eine Nachbildung des berühmten Götterbildes von Upsala, welches Adam von Bremen (gest. 1085) beschrieben hatte[13]:

»Dieses Volk [die Schweden] hat einen hochberühmten Tempel, der Upsala heißt, nicht fern von der Stadt Sigtuna (…) In diesem Tempel, der ganz aus Gold zubereitet ist, verehrt das Volk die Standbilder von drei Göttern, und zwar so, daß der mächtigste von ihnen, Thor, mitten im Gemach seinen Thron hat; zu beiden Seiten nehmen den Platz Wodan und Fricco ein. (…) Der drit-te ist Fricco, der Friede und Freude den Sterblichen spendet. Sein Bild versehen sie auch mit einem gewaltigen Zeugungsglied.(…)
Wenn Seuchen und Hungersnot drohen, wird dem Götzen Thor geopfert, wenn Krieg, dem Wodan, wenn Hochzeiten zu feiern sind, Fricco.«

Auch von der gewaltsamen Missionierung und Zerstörung der Götterbilder durch christliche Fanatiker erfahren wir aus den Quel-len. So berichtet die aus dem 14. Jh. stammende Ólafs Saga Trygg-

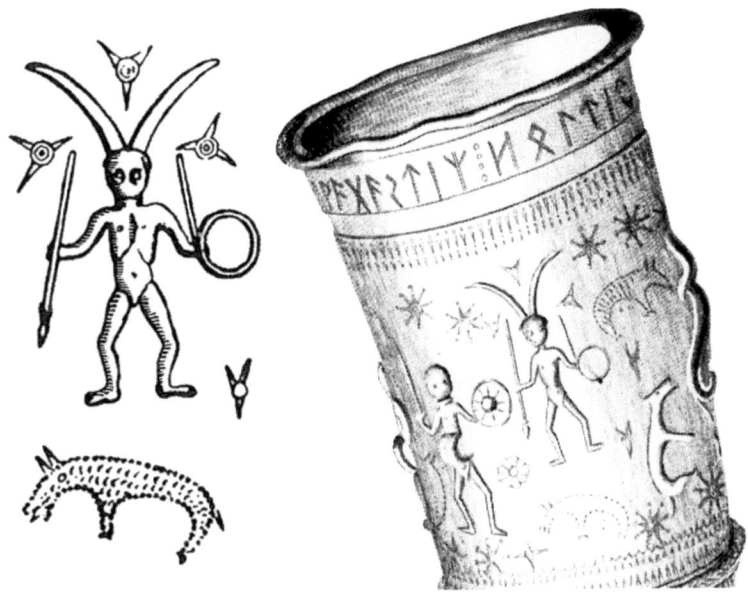

Abb. 2: Das Gallehus-Runenhorn mit möglicher Freysdarstellung. Anf. 5. Jh.

vasonar[14], wie König Ólaf Tryggvason den Befehl gibt, ein Freys-bild zu zerbrechen:

»Der König sagte: „Ich gebiete euch das Götzenbild zu zerbrechen, das nach Freyr gemacht ist, von dem mir gesagt ist, daß ihr ihm opfert. Aber wenn ihr das nicht tun wollt, so glaube ich, daß diese Sache wahr ist, die ich euch jetzt vorwerfe". Sie antworteten so: „Nicht werden wir das Bild Freys zerbrechen, denn wir haben ihm lange gedient, und das hat uns wohl getaugt".

In den Landnámabók wird ein kleines silbernes Amulett, welches Freyr darstellt, erwähnt. Ingimund wollte nicht nach Island übersie-deln; eine Wahrsagerin aber sagte ihm, daß ein Amulett aus seiner Tasche verschwinden und sich erst wiederfinden würde, wenn er sich in Island ansiedelt. Später heißt es in der Quelle[15]:

»Ingimund sandte zwei Finnen auf Zauberfahrt nach Island nach seinem Amulett; das war ein aus Silber gearbeitetes Freysbildnis. Die Finnen kamen zurück; sie hatten das Amulett gefunden, es aber nicht bekommen können.«

So wird Ingimund immerhin der Ort auf Island genannt, wo er sich dann auch ansiedelte und später das Amulett fand.

Auf einem der Goldhörner von Gallehus (zw. 400-450) ist über einem Eber ein gehörnter Gott mit Stab und Sichel dargestellt, den man auch als Freyr gedeutet hatte (Abb. 2).

Schon auf schwedischen Felsbildern aus der Bronzezeit finden sich phallische Darstellungen von Fruchtbarkeitsgottheiten.

Abb. 3 Freyr von Arras.

In Arras, einem Ort in der Nordspitze Frankreichs, fand man eine 60 cm hohe und etwa 30 cm breite, phallische Sandsteinfigur mit gekreuzten Beinen (siehe Abb. 3) die von Forschern als Freysdarstellung bezeichnet wird, weil sie innerhalb der gallisch-römischen Siedlung in einem germanischen Heiligtum lag. Dort gab es auch ein Attis-Heiligtum.

Drei Diener des Freyr werden in den Quellen genannt, Skírnir (der Strahlende), Byggvir (bygg = Korn) sowie Beyla (von *baunilō zu baula = Kuh). Byggvir wurde auch mit Beow in altenglischen Stammtafeln identifiziert, einem Sohn Sceldwas. Ja, selbst zum altenglischen Beowulf („Bienenwolf", Bär) wollte man eine Verbindung erkennen, was mich aber nicht überzeugt.

Kapitel 2

Freys Wiedergeburt zum Julfest

Der Mythos des Ragnarǫkr, des „Weltgerichts der Götter" über die Riesen ist in den Eddas enthalten. Nach diesen Schilderungen sterben einige Götter, doch gehört zum vollständigen Bild auch deren Wiederkehr dazu, denn der Mythos ist auch ein Tages- und Jahresmythos. Wenn die Sonne untergeht, dann „stirbt" sie im Mythos; sie wird in ihrer Tochter, der neuen Sonne des neuen Tages wiedergeboren. Genauso sterben Wachstum und Fruchtbarkeit der Erde im Winter, um im Frühling zurückzukehren. Götter sterben nicht, Sie sind unsterblich, ansonsten wären es keine Götter. Im Ragnarǫkr-Mythos wird nun auch vom Tode Freys erzählt. In Gylfaginning Kap. 51 werden die Kämpfe der Götter gegen die Riesen erzählt, und es heißt da über Freyr und den Feuerriesen Surtur[16]:

»Von diesem Lärmen birst der Himmel: Da kommen Muspells Söhne hervorgeritten. Surtur reitet an ihrer Spitze, vor ihm und hinter ihm glühendes Feuer. Sein Schwert ist wunderscharf und glänzt heller als die Sol [Sonne] (...) Freyr streitet wider Surtur und sie kämpfen ein hartes Treffen bis Freyr erliegt, und das wird sein Tod, daß er sein gutes Schwert mißt, das er dem Skírnir gab.«

Damit wäre Freyr nun gestorben, wie eben die Sonnenwärme und Fruchtbarkeit im tiefsten Winter erstorben ist. Oder wie die wachstumsfeindliche Dürre (Surtur) das Wachstum zerstört. Aber Freyr wird wiederkehren.

Von den Goten ist uns durch einen glücklichen Zufall ein Weihnachtsspiel erhalten, das zu Ehren des wiederkehrenden Gottes am Hofe von Byzanz stattfand. Das Lied ist in lateinischer Sprache überliefert, beruht aber unzweifelhaft auf einem gotischen Text. Die Übersetzung aus dem 6. Jh. stammt wohl von Theoderich dem Großen und wurde für den byzantinischen Hof hergestellt.

Zu Neujahr pflegte am Hofe zu Byzanz ein großes Festmahl gefeiert zu werden. Zur Belustigung der kaiserlichen Familie wurden Spiele aufgeführt wie dieses gotische Weihnachtsspiel: Die Tänzer stehen in zwei Hälften geteilt, an den beiden Eingängen des großen Saales. Jede Gruppe hat ihre Flötenspieler bei sich und wird von einem Magister (Anführer) geleitet. Sie tragen Tierfelle, deren rauhe Seiten nach Außen gekehrt sind, ihre Gesichter sind durch Masken schreckhaft verhüllt. Ihre Schilde mit Stecken schlagend, ziehen sie durch den Saal mit dem Rufe „Tul! Tul!", vereinigen sich dann zu zwei parallelen Kreisen, lösen und schließen drei Mal diese Aufstellung und singen endlich, während sie sich der Eingangstür zuwenden, diesen Hymnus, das sogenannte Γοτδιχόυ („Gotdichoy")[17]:

»Freue dich der schönen Vereinigungen (zu gemeinsamer Festesfeier)!
Freuet euch der Tage der schönen Zeit im Wettstreit, heia!
Zu froher Stunde Trompetenschall erhebend!
Mit schöner Lust zuschauend!
Siehe, gerettet ist, Nana, der Gott, der Gott, heia!
Am festlichen Tage, Nana, juble in unendlichen Freudenrufen,
Jubel lässest du hören, Nana,
Jubel lässest du hören!
Du o Tul, schön vom ersten Tage an, sollst siegen, Tul und Nana!
Eber, Eber, kehre du nun
in vollzähliger Schar zurück!
So komme zu uns, vom Tode erstanden!«

Das Lied wird von je zwei in Felle gehüllte und maskierte Gestalten an der Spitze zweier Halbchöre gesungen. Das Lied mischt gotische und römische Bestandteile und ist sicher an das byzantinische Hofzeremoniell angepaßt worden. „Tul" (= Jul) ist vielleicht für Γιούλ („Gioyl") verlesen: *jiuls, gotisch jeu-lo bedeutet „neu, jung, neugeboren". Ist das personifizierte Julfest gemeint oder eher eine Gottheit des Julfestes? „Nana" ist altindisch nanā „Mutter", aber welche Göttin ist gemeint? Der angelsächsische Chronist Beda nennt die Wintersonnwendnacht die „Modranight" (Mütternacht) und bestätigt den Mutterkult des Julfestes, der ja bis heute im christlichen Gewande besteht.

Es gibt nun zwei mögliche Deutungen. „Tul" oder „Jul" ist der Gott des Julfestes; offenbar als wiederkehrender Gott aufgefaßt und damit als Sonnengottheit. Man könnte hier also auf Óðinn (Wodan) deuten, da Er auch „Jólnir" („Gott des Julfestes") genannt wird. Dann wäre in dem Lied Óðins Wiederkehr nach dem Weltuntergang besungen. Nana wäre dann die Muttergöttin, also Frigg (Fria), die sich natürlich über Óðins Wiederkehr freut. In der Edda wird diese Wiederkehr erwähnt wenn vom „Starken von Oben" die Rede ist. Der Eber ist dann als Symbol Óðins zu deuten. Von Óðinn stammt auch die eberköpfige Schlachtaufstellung und Sein Beiname „Ráni" („Schnauze"). Der Eber ist auch Sonnensymbol und Óðinn wird als Himmelsgott auch als Sonnengott angesehen.

Die andere Deutung finde ich noch überzeugender: „Tul" ist eine Gottheit des Lichtes und der Sonne, und damit dem Freyr (Fro) entsprechend. Ob der Name zu „Jul" zu stellen ist oder allgemein zu „Tiu" (Gottheit), ist Interpretation. Nana wäre dann also die Mutter des Tul, also Freys Mutter. Zu Freyr paßt auch der Eber viel besser als zu Óðinn, denn die nordgermanischen Quellen kennen ja gerade den Eber Freys, Gullinborsti, und es war im ganzen

Norden Brauch, auf den Juleber Gelübde abzulegen (siehe Kapitel 6). In unser Region hat sich noch das Essen von Schweinebraten zu Weihnachten und das Marzipanschwein als Glücksschwein erhalten; in Oxford wird zu Weihnachten ein Eberkopf feierlich hereingetragen. Deswegen gehe ich hier von Freys Wiederkehr aus.

Zuweilen heißt es bei Interpreten, daß zu Weihnachten Baldr geboren werde. Damit wird Baldr völlig mit dem Jesuskind gleichgesetzt. Es gibt aber nicht einen einzigen Hinweis in den Quellen auf einen Balderkult zu Weihnachten; im Brauchtum ist nichts erhalten. Auch in den Mythen der Edda wird Baldrs Geburt nirgends erwähnt; sie kann also nicht der religiöse Anlaß des so wichtigen Julfestes gewesen sein. Im Baldrmythos findet dessen Höhepunkt und Tod zu Mittsommer statt, und es wird Seine Wiederkehr erwähnt, aber nicht Baldrs Geburt.

Wenden wir uns also dem Gott Freyr zu. Er ist – der goldene Eber bestätigt es – Sonnen- und Fruchtbarkeitsgott, nach meiner Interpretation möglicherweise auch Feuergott. Wenn also „Tul" den Gott Freyr bezeichnet, dann können wir dem Jultanzlied entnehmen, daß dieser Gott zu Weihnachten geboren wird: „Schön vom ersten Tage an" sagt doch, daß Er gerade erst geboren wurde. Und dann wird der Eber erwähnt, der natürlich auch für den Ebergott Freyr steht: „Eber, kehre du nun ... zurück" kann sich doch nur auf die Wiederkehr des Gottes Freyr und die Wiederkehr der Sonne zur Wintersonnenwende beziehen. Der Nachsatz kann sich auf den „Tul" oder den „Eber" beziehen: „So komme zu uns, vom Tode erstanden". Der Satz kann auch als Wiederkehr aus dem Totenreich (also nicht als Geburt) verstanden werden.
Wie auch immer, Freyr wird geboren oder kehrt aus dem Totenreich zurück, samt Seinem Sonneneber. Nana müßte demnach die Mutter des Freyr sein.

Abb. 4: Freyrs Sonnen-Eber Gullinborsti.

Wer ist die Mutter des Gottes Freyr? In der schon auf Seite 11 zitierten Jüngeren Edda, Gylfaginning 24, wurde ja gesagt, daß Njǫrðr in Nóatún seine Kinder zeugte. Aber in der auch schon zitierten Ynglinga saga 4 sieht es anders aus. Da heißt es, daß Freyr beim Friedensschluß als Geisel den Ásen gegeben wurde, also war Er schon in Vanaheim geboren. Nóatún gehört zum Land der

Ásen; wie der Geburtsort Freys in Vanaheimr heißt, erfahren wir nicht. Laut Gylfaginning 23 liegt Nóatún „im Himmel"[18]:

»Der dritte Áse ist Njǫrðr genannt, er bewohnt im Himmel die Stätte, welche Nóatún heißt (...) Njǫrðr ist nicht vom Ásengeschlecht; er ward in Vanaheimr erzogen, und die Vanen gaben ihn den Göttern zum Geisel und nahmen dafür von den Ásen zum Geisel den Hœnir: So verglichen sich durch ihn die Götter mit den Vanen. Njǫrds Frau heißt Skaði und ist die Tochter des Riesen Þjassi.«

Hier wird Freyr nicht erwähnt, Njǫrðr lebt aber bei den Ásen in Nóatún. Die Quellen lassen es auch möglich sein, daß Freyr erst nach dem Friedensschluß in Nóatún geboren wurde, dann kann Njǫrðs Schwester nicht Freys Mutter sein. Aber diese Deutung halte ich für nicht überzeugend.

In der Gylfaginning wird Skaði als Njǫrðs Frau genannt (sie trennten sich später), doch wissen wir, daß Njǫrðr erst mit Skaði vermählt wurde, als Er schon in Ásgarðr war (Bragarœður 1). In den Skírnisfǫr nennt Skaði den Freyr „Sohn", aber das macht auch eine Stiefmutter.

In der Ynglinga saga 4 wird die Gemahlin Njǫrðs, mit der Er in Vanaheimr vermählt war, erwähnt[19]:

»Solange Njǫrðr bei den Vanen war, hatte er seine Schwester zur Frau gehabt, denn dort war dies so rechtens, und ihre Kinder hießen Freyr und Freyja. Aber unter den Ásen war es verboten, in so nahe Verwandtschaft zu heiraten.«

Ich vermute nun, daß die in der Überlieferung nur selten[20] erwähnte Göttin Njǫrunn die vanische Gemahlin Njǫrðs und Mutter von Freyr und Freyja ist. Das schließe ich aus den gleichklingenden Namen: Njǫrðr – Njǫrunn. Die Geschwisterehe war dann offenbar auch für die Kinder Njǫrðs vorgesehen, wie die gleichklingenden Anredenamen „Freyr – Freyja" andeuten; doch durch den Wechsel zu den Ásen wurde aus dieser Bestimmung dann nichts: Freyr heiratete bekanntlich Gerðr, Freyja den Óðr. In der Lokasenna werden auch zwei Diener genannt, Byggvir und Beyla, die Freyr vermutlich auch schon aus Vanaheim her hatte und die auch in einer Geschwisterehe gelebt haben dürften.

Njǫrunn entspricht der Göttin Nerthus, die Tacitus als „Mutter Erde" und „Schicksalswalterin" (je nach Übersetzung) erwähnt. Ich denke, Sie steht hinter der Nana des gotischen Jultanzes. Tacitus schreibt (Germania 40)[21]:

»*Im einzelnen haben sie nichts Bemerkenswertes, insgesamt aber verehren sie Nerthus, das heißt die Mutter Erde, und glauben, die Göttin nehme Teil am Treiben der Menschen, sie fahre bei den Stämmen umher [oder: „sie walte über der Menschen Schicksal und besuche persönlich die Völker"]. Es gibt auf einer Insel des Weltmeeres einen heiligen Hain, und dort steht ein geweihter Wagen, mit Tüchern bedeckt; einzig der Priester darf ihn berühren. Er bemerkt das Eintreffen der Göttin im Allerheiligsten; er geleitet sie in tiefer Ehrfurcht, wenn sie auf ihrem mit Kühen bespannten Wagen dahinfährt. Dann folgen frohe Tage; festlich geschmückt sind alle Orte, denen die Göttin die Huld ihrer Ankunft und Rast gewährt. Man zieht nicht in den Krieg, man greift nicht zu den Waffen; verschlossen ist alles Eisen. Dann kennt, dann liebt man nur Ruhe und Frieden, bis die Göttin, des Umgangs mit Menschen müde, vom gleichen Priester ihrem Heiligtum zurückgegeben wird. Dann werden Wagen und Tücher und, wenn man es glauben will, die Gottheit selbst in einem entlegenen See gewaschen. Sklaven sind hierbei behilflich, und alsbald verschlingt sie derselbe See. So herrscht denn ein geheimes Grauen und heiliges Dunkel, was das für ein Wesen sei, das nur Todgeweihte schauen dürfen.*«

Man vermutet, daß der beschriebene Kult auf einer Ostseeinsel stattfand; im Gespräch sind Alsen, Fünen oder Rügen.

Wenn wir uns den altnordischen Monats- und Tierkreis ansehen, wie er in den Grímnismál 4 – 17 überliefert ist[22], dann stellen wir fest, daß Nóatún mit Njǫrðr dem Sternbild des Wassermannes entspricht und genau in der Fasnachtszeit seinen Platz hat, also in einer Zeit, wo auch die Nerthus-Umzüge stattgefunden haben. Vor zwei Jahrtausenden herrschte noch ein etwas wärmeres Klima, so daß der Frühling früher einsetzte.

Bei den Römern und Griechen ist Venus-Aphrodite zwar die Tochter des Zeus oder Uranos, doch wird Sie aus dem Schaume des Meeres geboren, und das Meer ist der Bereich des Neptun-Poseidon oder eben in unserer Überlieferung des Njǫrðr. Also auch dort kann der Meeresgott als Vater der Liebesgöttin angesehen werden; der Name „Venus" wurde von Forschern mit der Bezeichnung „Vanir" identifiziert: Venus, venustus, sanskrit vanas, „Reiz, Wonne", altindisch vanam, „Wasser", angelsächs. wos, altnord. vás „Nässe". Oder „die Strahlenden", „Hervorkommen, Wachsen", die Übersetzung ist nicht eindeutig geklärt. Und Neptun-Poseidon ist Sohn des Titanen Kronos und dessen Schwester und Gemahlin Rheia. Auch hier bei den Titanen gab es die Geschwisterehe. Die Titanen entsprechen damit dem Göttergeschlecht der Vanen.

Freyr wurde also als Sohn Njǫrðs und Njǫruns in Vanaheimr geboren. Er kam später mit Seiner Familie zu den Ásen. In diesem Zusammenhang ist der Vers des angelsächsischen Runenliedes zur Rune *Ingwaz ◇, also zur Rune des Gottes Yngvi-Freyr, interessant. Da heißt es nämlich[23]:

>*»Ing wurde unter den Ost-Dänen gesehen zuerst,*
>*bis er nach Osten zog über das Meer.*
>*Sein Wagen zog ihm nach.*
>*So nannten die Heardinger ihren Helden.«*

Demnach kam der Gott zu den Dänen, gefolgt von seinem Wagen. Da Er später weiter ostwärts zog, kann man vermuten, daß Er von Westen nach Ost-Dänemark kam, und im Westen ist ja die Welt Vanaheimr lokalisiert.

Gleichzeitig kann dieser Vers auf einen kultischen Wagen- oder Schiffswagenumzug des Gottes hinweisen; ähnliche Schiffswagenumzüge gab es einst im Karneval (siehe Seite 91f).

Aber wir wissen auch aus Gylfaginning 49, daß Freyr einen Wagen fährt, der von seinem Eber Gullinborsti gezogen wird. Das Titelbild zeigt Freyr in Seinem Wagen mit Skírnir.

Der Römer Tacitus überlieferte uns in seiner nach dem Jahre 98 entstandenen Germania (Kap. 2) einen Herkunftsmythos von Göttern, in dem auch indirekt der Gott Ing vorkommt[24]:

»In alten Liedern, der einzigen Art ihrer geschichtlichen Überlieferung, feiern die Germanen Tuisco, einen erdentsprossenen Gott. Ihm schreiben sie einen Sohn Mannus als Urvater und Gründer ihres Volkes zu, dem Mannus wiederum drei Söhne; nach deren Namen, heißt es, nennen sich die Stämme an der Meeresküste Ingävonen, die in der Mitte Herminonen und die übrigen Istävonen. Einige versichern – die Urzeit gibt ja für Vermutungen weiten Spielraum – jener Gott habe mehr Söhne gehabt und es gebe demnach mehr Volksnamen: Marser, Gambrivier, Sueben, Vandilier, und das seien die echten, alten Namen.«

Einer der drei Söhne muß also Ing geheißen haben. Bei dieser Quelle liegt ein grundsätzliches falsches Verständnis vor. Ing ist nicht Sohn des Mannus.

Tuisco („der Zwiefache") ist Beiname Wodans, der in der Edda Tveggi lautet. Beide Namen sind etymologisch verwandt. Mannus ist der Mondgott, der in der Edda Heimdallr heißt und in allen indogermanischen Mythologien vorkommt (Manannan Mac Lir, Menes, Manus, Vohu-Mano, Minos, Janus). Die drei Söhne sind Stände, Kasten, die zur Charakterisierung nach Gottheiten benannt sind. Die Ingävonen sind einfach nur die „Kinder Ings", nicht als leibliche Nachkommen zu verstehen, sondern so, wie wir etwa fröhlich musizierende und tanzende Menschen „Kinder der Venus" oder martialisch kämpfende Menschen „Kinder des Mars" nennen. Ing steht hier also nur, um einen bestimmten Stand (nämlich den Nährstand) zu charakterisieren. Darum blieben alle Versuche, diese drei Namen mit irgendwelchen historischen Stämmen zu identifizieren (Ingävonen z. B. mit dem Stamm der Angeln) erfolglos. Ing bzw. Freyr ist nicht Sohn des Mannus/ Heimdalls. Tacitus und seine Quelle hatte den Mythos fälschlich auf Stämme und Wohnregionen bezogen.

Kapitel 3

Freyr und Gerðr

Der einzigste ausführliche Mythos, der uns von Freyr erhalten ist,
ist der Mythos von der Gewinnung der Gerðr. In der Gylfaginning
37 erzählt Óðinn die Geschichte[25]:

*»Gymir hieß ein Mann, und seine Frau Aurboða; sie war Bergriesen-
geschlechtes. Deren Tochter ist Gerðr, die schönste aller Frauen. Eines Tages
war Freyr auf Hliðskjálfr gegangen und sah über alle Welten. Als er nach
Norden blickte, sah er in einem Gehege ein großes und schönes Haus. Zu diesem Hause ging ein Mädchen, und als sie die Hände erhob, um die Türe zu
öffnen, da leuchteten von ihren Händen Luft und Wasser, und alle Welten
strahlten von ihr wieder. Und so rächte sich seine Vermessenheit an ihm, sich
an diese heilige Stätte zu setzen, daß er harmvoll hinwegging. Und als er heim
kam, sprach er nicht, auch mochte er weder schlafen noch trinken und niemand
wagte es, das Wort an ihn zu richten. Da ließ Njǫrðr den Skírnir, Freyrs
Diener, zu sich rufen und bat ihn, zu Freyr zu gehen, mit ihm zu reden und
zu fragen, warum er so zornig sei, daß er mit niemand reden wolle. Skírnir
sagte, er wolle gehen, aber ungern, denn er versehe sich übler Antwort von ihm.
Und als er zu Freyr kam, fragte er, warum Freyr so finster sei und mit niemand rede. Da antwortete Freyr und sagte, er habe ein schönes Weib gesehen
und um ihretwillen sei er so harmvoll, daß er nicht länger leben möge, wenn er
sie nicht haben solle: „Und nun sollst du fahren und für mich um sie bitten,
und sie mit dir heimführen, ob ihr Vater wolle oder nicht, und ich will dir das
wohl lohnen. " Da antwortete Skírnir und sagte, er wolle die Botschaft werben,*

wenn ihm Freyr sein Schwert gebe. Das war ein so gutes Schwert, daß es von selbst focht. Und Freyr ließ es ihm daran nicht mangeln und gab ihm das Schwert. Da fuhr Skírnir und warb um das Mädchen für ihn und erhielt die Verheißung, nach neun Nächten wolle sie an den Ort kommen, der Barrey heiße, und mit Freyr Hochzeit halten. Und als Skírnir dem Freyr sagte, was er ausgerichtet habe, da sprach er so:

> *„Lang ist eine Nacht, lang ist die andre,*
> *Wie mag ich dreie dauern?*
> *Oft daucht ein Monat mich minder lang*
> *Als diese halbe Wartenacht“.*

Das ist die Ursache dafür, daß Freyr waffenlos war, als er mit Beli stritt und ihn mit einem Hirschhorn erschlug“.

Da sprach Gangleri: „Es ist sehr zu verwundern, daß ein solcher Häuptling, wie Freyr ist, sein Schwert hingab, ohne ein gleich gutes zu behalten. Ein erschrecklicher Schaden war ihm das, als er mit jenem Beli kämpfte, und ich glaube gewiß, daß ihn da seiner Gabe gereute“. Da antwortete Hárr: „Es lag wenig daran, als er dem Beli begegnete, denn Freyr hätte ihn mit der Hand töten können; aber es kann geschehen, daß es den Freyr übler dünkt, sein Schwert zu missen, wenn Muspells Söhne zu streiten kommen“.«

Dieser Mythos wird auch im Eddalied Skírnisför behandelt. Interessant ist aber in der Fassung der Gylfaginning, daß erzählt wird, daß Freyr eine Anmaßung beging, als Er sich auf den Himmelsthron Hliðskjálfr setzte. Dafür wird Er mit Liebessehnsucht bestraft. Der Mythos ist uns ähnlich auch aus dem römischen Heidentum erhalten. Dort ist es Saturn (Abb. 5), der von Zeus aus dem Himmel verstoßen wird. Daß Saturn dem Freyr entspricht, werde ich noch genauer behandeln (Kapitel 9). Der Mythos ist sogar bis in die Bibel gelangt, wo der Satan (dem Saturn entsprechend) aus dem Himmel verstoßen wird.

Abb. 5: Saturn mit Sichel auf einem gravierten Steinmedaillon.

Gymir („Meer") ist der winterliche Meerriese, Gerðr ist dessen Tochter oder Gefangene, ihre Mutter ist Aurboða („Feuchtigkeitsbotin" oder „Sand-, Schlammbotin"). Gerðr kommt bei Saxo Grammaticus als „Lathgertha" (Lað-Gerðr) in abweichendem Zusammenhang mit Ragnarr loðbrók vor (siehe Seite 96); ihr Name bedeutet „die durch eine Einzäunung Geschützte" (garðr = Garten, Gatter, umzäuntes Feld). Sie ist sicher eine Vertreterin der Erde.

Skírnir = der Strahlende, ist der Sonnenstrahl, der im Auftrage Freys um die Vertreterin der Erde wirbt, Beli = Beller ist ein wolfsartiger Vertreter des Winters; Freyr tötet ihn mit einem Hirschhorn, denn der Winter endet in der Zeit, wo die Hirsche ihre Geweihe abwerfen, im „Hornung" (Februar). Hier ist auch das alte Freysfest „Frøblót" gefeiert worden, das König Fróði eingeführt hatte. Barrey bedeutet „Nadelwald" (oder „Kornfeld") und ist mit dem Namen der Hebrideninsel Barrey identisch. Die angefügte Strophe ist Skírnisfǫr 37 mit geringen Abweichungen.

Der Mythos von Freyr und Gerðr wird auch in der Lokasenna 41f angesprochen, wo Freyr mit Loki streitet[26]:

> *»Freyr sagte:*
> *„Gefesselt liegt Fenrir vor des Flusses Ursprung*
> *Bis die Regin vergehen;*
> *So wirst auch du, wenn du nicht schweigen willst*
> *Gefesselt, Unheilschmied. "*
>
> *Loki sagte:*
> *„Mit Gold erkauftest du Gymirs Tochter*
> *Und gabst so weg dein Schwert.*
> *Wenn aber Muspells Söhne durch Myrkviðr reiten,*
> *Dann weißt du nicht, Unsel'ger, womit zu kämpfen".«*

Auch in den Hyndluljóð 30 wird der Mythos kurz angesprochen[27]:

> *»Baldrs Vater war Burs Erbnehmer.*
> *Freyr hatte Gerðr, sie war Gymirs Tochter,*
> *Vom Joten-Geschlecht und der Aurboða.*
> *So war auch Þjassi ihr Verwandter,*
> *Der hochmütige Jotun, dessen Tochter Skaði war.«*

Auch die Ynglinga Saga 10 erwähnt diese Geschichte; ich bringe diese Quelle auf Seite 54f.

Am ausführlichsten aber wird dieser Mythos im Eddalied Skírnisfǫr („Skírnirs Fahrt") behandelt. Da es eigentlich das einzigste Lied eines Mythos von Freyr ist, darf ich es hier nicht fehlen lassen[28]:

»Freyr, der Sohn Njǫrðs, hatte sich eines Tages auf Hliðskjálfr gesetzt und sah über alle Welten. Da sah er nach Jotunheimr und sah eine schöne Jungfrau aus ihres Vaters Haus in das Vorratshaus gehen. Daraus erwuchs ihm große Gemütskrankheit.

Skírnir hieß Freyrs Schuhbursche. Njǫrðr bat ihn, Freyr zum Reden zu bringen. Da sprach Skaði:

> *„Steh' nun auf, Skírnir, ob du unsern Sohn*
> *Magst zu reden vermögen*
> *Um das zu erkunden, wem der Kluge wohl*
> *So bitterböse sei."*

> *Skírnir sagte:*
> *„Übler Worte verseh' ich mich von euerm Sohne,*
> *Wenn ich gehe, mit dem Mann zu reden.*
> *Um das zu erkunden, wem der Kluge wohl*
> *So erzürnt sei."*

> *Skírnir sagte:*
> *„Sage mir, Freyr, volkwaltender Gott,*
> *Was ich zu wissen wünsche:*
> *Was weilst du allein im weiten Saal,*
> *Mein Herr, den heilen Tag?"*

Freyr sagte:
„Wie soll ich sagen dir Jungem,
Den großen Gram?
Die Álfrǫðull [Sonne] leuchtet alle Tage,
Doch nicht zu meinem Verlangen."

Skírnir sagte:
„Dein Gram mag so groß nicht sein,
Daß du ihn mir nicht sagen solltest.
Teilten wir doch die Tage der Jugend:
So mögen wir zwei uns trau'n."

Freyr sagte:
„In Gymirs Gehöft sah ich gehen
Mir liebe Maid.
Ihre Arme leuchteten, und davon
Alle Luft und Meer.

Mehr lieb' ich die Maid als je ein Jüngling
In den Urtagen.
Von Åsen und Álfen will es nicht ein Mann,
Daß wir beisammen seien."

Skírnir sagte:
„Gib mir dein Roß, das mich durch die dunkle
Berüchtigte Vafrlogi trägt;
Und das Schwert, das von selbst sich schwingt
Gegen der Joten Geschlecht."

Freyr sagte:
„Nimm denn mein Roß, das dich durch die dunkle
Berüchtigte Vafrlogi trägt;

Und das Schwert, das von selbst sich schwingt
In des Klugen Hand. "

Skírnir sprach zu dem Pferd:
„Dunkel ist's draußen: wohl dünkt es mich Zeit
Feuchte Berge zu fahren. Durchs Volk zu fahren.
Wir beide vollführen's, oder uns fängt beide
Jener kraftreiche Jotun. "

Skírnir fuhr gen Jotunheimr zu Gymirs Gehöft. Da waren bissige Hunde an
die Türe des hölzernen Zaunes gebunden, der Gerðs Saal umschloß. Er ritt
dahin, wo ein Viehhirte auf dem Hügel saß und sprach zu ihm:

„Sage mir, Hirt, der auf dem Hügel sitzt
Und die Wege bewacht,
Wie mag ich sprechen die schöne Maid
Trotz Gymirs Grauhunden?"

Der Hirt sagte:
„Bist du dem Tode nah' oder tot bereits?
Zu sprechen ungegönnt bleibt dir immerdar
Mit Gymirs guter Tochter. "

Skírnir sagte:
„Kühnheit steht besser als Klagen ihm an,
Der da fertig ist zur Fahrt,
Bis auf einen Tag ist mein Alter bestimmt
Und meines Lebens Länge. "

Gerðr sagte:
„Welch getösendes Getön das ich tönen höre
Hier in unsern Hallen?

Die Jorð [Erde] bebt davon, und es erzittert
Ganz Gymirsgarðr."

Die Magd sagte:
"Ein Mann ist hier außen von der Mähre gestiegen
Und läßt sie auf der Erde grasen."

Gerðr sagte:
"Bitt' ihn einzutreten in unsere Halle
Und den berühmten Met zu trinken,
Obwohl mir ahnt, daß hier außen sei
Meines Bruders Totschläger.

Wer ist es der Álfen oder Ásensöhne,
Oder weisen Vanen?
Durch flackernde Flamme, was fuhrst du allein
Unsre Säle zu schauen?"

Skírnir sagte:
"Bin nicht von den Álfen noch den Ásensöhnen,
Noch den weisen Vanen;
Durch flackernde Flamme doch fuhr ich allein,
Eure Säle zu schauen.

Der Äpfel elf hab' ich allgolden,
Die will ich, Gerðr, dir geben,
Frieden zu kaufen, daß du Freyr sagst,
Er sei dir am unleidigsten."

Gerðr sagte:
"Der Äpfel elf nehm' ich nicht an
Um eines Mannes Minne,

Noch mag ich und Freyr, solange wir beide leben,
Je zusammen wohnen."

Skírnir sagte:
„Den Ring geb' ich dir dann, der in der Glut lag
Mit Óðins jungem Erben.
Acht entträufeln ihm ebenschwere
In jeder neunten Nacht."

Gerðr sagte:
„Den Ring nehm' ich nicht, auch wenn er in der Lohe lag
Mit Óðins jungem Sohn.
Mir fehlt es nicht an Gold in Gymirsgarðr,
Ich teile die Schätze des Vaters."

Skírnir sagte:
„Siehst du, Mädchen, das Schwert, das schmale, malbunte,
Das ich halt' in der Hand?
Das Haupt hau' ich vom Hals dir ab,
So du mir keine Einwilligung sagst."

Gerðr sagte:
„Zu keiner Zeit werd' ich Zwang erdulden
Um Mannesminne.
Wohl aber wähn' ich, gewahrt dich Gymir,
Daß ihr Kühnen zum Kampfe kommt."

Skírnir sagte:
„Siehst du, Mädchen, das Schwert, das schmale, malbunte,
Das ich halt' in der Hand?
Seine Schneide erschlägt den alten Joten,
Weiht deinen Vater dem Tode.

Mit der Zähmungsrute zähmen werd ich dich,
Maid, zu meinem Willen;
Dahin sollst du kommen, wo Kinder der Menschen
Dich nie mehr sollen sehen.

Auf des Aaren Erdhöcker in der Frühe sollst du sitzen,
Weg von der Welt gewandt zur Hel.
Speise sei dir ekliger als einem Menschen
Die glänzende Schlange bei den Geborenen.

Ein scheußliches Wunder wirst du draußen,
Daß Hrímnir dich angafft, dich alles anstarrt.
Weitbekannter wirst du als der Wächter der Götter:
Gaffe denn hervor am Gitter.

Raserei und Geschrei, Zwang und Ungeduld
Mehren dir Trübsinn und Tränen.
Sitze nieder, so werde ich dir sagen
Des Leides schwellenden Strom,
Den zweischneidigen Schmerz.

Tramar sollen dich ängsten all' den Tag
Hier im Gehege der Joten.
Zu der Hrímpursen Hallen sollst du den heilen Tag
Kriechen wahlberaubt,
Kriechen wahlentbehrend.
Leid für Lust wird dir zum Lohn,
Mit Tränen trägst du dein Unglück.
Mit dreiköpfigem Þursen teilst du das Leben
Oder bleibst unvermählt.
Sehnsucht ergreift dich; Auszehrung lasse dich schwinden
Wie die Distel dorrst du, die gedrückt wurde

Am Ende der Ernte.
Zum Wald ging ich, zum frischen Baum,
Zauberzweig zu finden:
Zauberzweig ich fand.

Gram ist dir Óðinn, gram ist dir Ásabragr,
Dich soll Freyr hassen.
Frevelhaft schlechte Maid, du sollst bekommen
Der Götter Zauber-Zorn.

Hört es, Joten, hört es, Hrímþursen,
Suttungs Söhne, ihr Ásen selber!
Wie ich verbiete, wie ich banne
Mannes Freude der Maid, Mannes Genuß der Maid.

Hrímgrímnir heißt der Þurse, der dich haben soll
Hinterm Totenzaun,
Wo verworfene Knechte an Baumwurzeln
Dir Geißenharn gießen.
Anderer Trank wird dir nicht eingeschenkt,
Maid, nach deinem Willen?
Maid, nach meinem Willen!
Ein Þurs schneid' ich dir und drei Stäbe:
Unzucht und Wut und Ungeduld.
Wie ich es ritz, so schneid ich es ab,
Wenn es dessen bedarf."

Gerðr sagte:
„Heil sei dir vielmehr, Held, Bursche und nimm den Hrimkelch
Alten Metes voll.
Ahnte mir doch nie, daß ich Einen würde
Vom Vanenstamm wählen."

Skírnir sagte:
„*Meiner Werbung Erfolg wüßt' ich gesichert gern,*
Eh' ich heim reite von hier.
Wann wirst du im Þing dich einlassen
Mit Njǫrðs kraftvollem Sohn?"

Gerðr sagte:
„*Barri heißt, den wir beide wissen,*
Windstiller Wald:
Und nach neun Nächten will Njǫrðs Sohne da
Gerðr Freude gönnen."

Da ritt Skírnir heim. Freyr stand draußen, grüßte ihn und fragte nach der Zeitung:

„*Sage mir, Skírnir, eh' du den Sattel abwirfst von der Mähre*
Und du vorrückst den Fuß,
Was du ausgerichtet hast in Jotunheimr
Nach deinem oder meinem Wunsch?"

Skírnir sagte:
„*Barri heißt, den wir beide wissen,*
Windstiller Wald:
Und nach neun Nächten will Njǫrðs Sohne da
Gerdr Freude gönnen."

Freyr sagte:
„*Lang' ist eine Nacht, länger sind zweie:*
Wie mag ich dreie dauern?
Oft daucht' ein Monat mich minder lang
Als diese halbe Wartenacht".«

Unser Lied enthält auch einen alten Naturmythos. Freyr symbolisiert hierbei die Sonne eines neuen Frühlings. Der Himmelsthron Hliðskjálfr ist das Himmelsfenster des alten Himmelsgottes, Óðinn, auf den Sich Freyr in Anmaßung gesetzt hat. Von diesem Sonnenhöchststand erblickt der Gott die sich in der Gewalt des winterlichen Meeres (Gymir, der Winterliche) befindende Wintererde, Gerðr. Sie ist Tochter Gymirs und der Aurboða. Gerðr ist entweder das Kind des Wintermeeres, oder die Gefangene desselben (unter Gymirs neun Wellentöchtern wird Sie nicht aufgezählt). Ihre weißleuchtenden Arme wurden als beschneite Höhen gedeutet. Freyr als Sonne schickt Seinen Diener Skírnir, der den Sonnenstrahl bedeutet, zur Erde: Diese wird durch den Strahl langsam erwärmt und bereit, sich mit der Sonne (Freyr) zu vereinigen. Da der Mythos nicht nur ein Jahresmythos, sondern zugleich auch ein Tagesmythos ist, setzt Sich Freyr also täglich auf den Thron; das geschieht am Vortage oder Vorabend, und bis zum morgendlichen Sonnenaufgang wirbt Skírnir um die Erde, Gerðr. Die Vafrlogi (Waberlohe), die er durchreiten muß, symbolisiert auch die Morgenröte. Der Viehhirt, der vor Gymirs Burg wacht, ist der Sonnengott des alten Jahres oder vergangenen Tages, Óðinn Selbst, dessen Hunde sind Óðins Wölfe. Das Schwert, mit dem Skírnir Gerðr bedroht und das Freys Schwert ist, symbolisiert auch wieder den Sonnenstrahl, der die gefrorene Erde auftaut. Dieses Schwert fehlt Freyr beim Ragnarǫkr (Winter), also hat die Sonne ihre Kräfte der Erde gegeben und hat nun zur Bekämpfung des Winters nicht mehr ausreichend Kraft. Die Schätze Gymirs sind die Saat, die dann dereinst mit der Kraft der Sonne zum reifen kommt.

Zusammengefaßt freit also der Sohn (junge Sonne) um die Tochter (Erde); er muß, um sie zu erlangen, den Vater (Winter) besiegen. Man hat Gerðr auch als das gehegte Saatfeld gedeutet, so daß dann aus der Erde (Aurboða), die eben noch in den Armen des Winters (Gymir) lag, das frische Grün (Gerðr) im Frühjahr entsprießt.

41

Ludwig Uhland, der diese Geschichte in Mittelschweden lokalisierte, schrieb in seiner Mythologie:

»Erwägt man nun, daß Frey, der Brautwerber, es ist, der als Gott des Erdsegens angerufen wird, und daß die Beschwörung seines Boten hauptsächlich dahin geht, Gerd solle, wenn sie der Werbung sich sträube, unvermählt, unfruchtbar und nahrungslos in kalter Tiefe wie eine Distel verdorren, so legt es sich nahe, in Gerd, der Tochter des Meerjotuns und der Erdriesin, das meerumgürtete, baufähige Land zu erkennen, das von dem Geber allen Wachstums zu fruchtbarem Stande berufen wird. Man kann im Skírnislied allgemein den Bund des Luft- und Lichtgottes mit der tragbaren Erde zur Erschließung derselben dargestellt finden.«

Einige Forscher datierten unser Lied aus mich nicht überzeugenden formalen Gründen, z. B. den Runennamen Þurs, in das 12. Jh., Auch das Motiv der Liebeskrankheit – für einen Gott der Liebe und Fruchtbarkeit eigentlich nicht so ungewöhnlich – können sich Forscher erst im christlichen Hochmittelalter vorstellen.

Völlig abwegig ist die Deutung, wonach das Lied von den Königen aus dem Ynglingengeschlecht im 12. Jh. in Auftrag gegeben wurde, um in der Unterwerfung Gerðs unter Freyr die Unterwerfung der Minderheit der Samen (Gerðr) unter die Herrschaft der Ynglingenkönige, deren mythischer Ahnherr Freyr ist, darzustellen.

Wenn man dieser Deutung folgen wollte, dann wäre das Lied tatsächlich erst im 12. oder 13. Jh. entstanden und hätte vorher nie existiert. Dann aber wundert man sich, daß es so viele Erwähnungen des Verhältnisses von Freyr und Gerðr in den Quellen gibt.
Beweis für die Unhaltbarkeit dieser jungen Datierung und Deutung auf die Ynglingenkönige liefert uns eine celtische Version des Liedes, die ich im nächsten Kapitel behandle.

Kapitel 4

Oengus und Caer

Der Mythos von Freyr und Gerðr ist auch bei den Celten erhalten im Liede „Aislinge Óengusso" („Das Traumgesicht von Óengus") aus dem „Mythologischen Cyclus". Die Handschrift stammt von 1517; nach Sprache und Inhalt wurde der Text aber im 8./9. Jh. aufgeschrieben, lange vor den historischen Ynglingenkönigen.

Die celtische Fassung ist leider unter Germanisten und Mythologen relativ unbekannt, liefert aber interessante Details[29]:

»*Eines Nachts sah Óengus im Schlaf eine Gestalt an sein Bett treten: Es war eine Jungfrau, die Schönste in Ériu [Irland]. Er wollte sie schon an der Hand fassen und zu sich in das Bett ziehen, – da sah er, wie sie plötzlich von ihm wich. Nicht wußte er, wohin sie verschwunden war. So blieb er bis zum Morgen im Bett, und er fühlte sich unwohl. Es machte ihn krank, daß er die Gestalt erblickt hatte, ohne mit ihr sprechen zu können. Er konnte keine Speise zu sich nehmen. In der folgenden Nacht sah Óengus ein Timpán [eine Art Glockenspiel] in ihrer Hand, ein wohltönenderes gab es nicht. Sie spielte ihm eine Melodie vor, und darüber schlief er ein. So blieb er bis zum Morgen, und am nächsten Tag konnte er nichts essen.*
Ein ganzes Jahr verstrich, und die Besuche des Mädchens wiederholten sich, so daß er sich in sie verliebte. Er erzählte niemandem davon. Óengus wurde krank von der verzehrenden Sehnsucht, und niemand wußte, woran er litt. Die Ärzte Ériūs versammelten sich, aber keiner wußte, was ihm fehlte.

Sie gingen zu Fíngen [Druide des König Conchobar von Ulster], dem Arzt von Conchobar, und Fíngen kam. Er konnte die Krankheit am Gesicht eines Menschen ablesen und an dem Rauch, der über einem Haus aufstieg, erkannte er die Zahl der darin erkrankten Menschen.

Er nahm Óengus zur Seite und sprach zu ihm: „Dich hat es getroffen, du liebst eine Abwesende." „Du hast meine Krankheit erkannt", sagte Óengus. „Du bist in einen bedauernswerten Zustand geraten und hast es nicht gewagt, jemandem davon zu erzählen"; sagte Fíngen. „Du hast recht", sagte Óengus, „eine Jungfrau kam zu mir, die Schönste in Ériu, von vortrefflicher Gestalt. Sie hielt ein Timpán in der Hand und spielte jede Nacht für mich." „Wie immer dem auch sei", sagte Fíngen, „es war dir vorherbestimmt, mit ihr zusammenzutreffen. Sende nach Bóand, deiner Mutter; sie soll kommen und mit dir sprechen." Man begab sich zu Bóand, und sie kam. „Ich pflege diesen Mann", sagte Fíngen, „denn eine schwere Krankheit hat ihn befallen." Sie erzählten Bóand die ganze Geschichte. „Seine Mutter soll sich um ihn kümmern", sagte Fíngen, „eine schwere Krankheit hat ihn befallen. Durchstreife ganz Ériu und suche nach einem Mädchen von der Gestalt, wie sie dein Sohn erblickt hat."

Die Suche dauerte ein Jahr, doch man fand niemanden, der dem Mädchen geähnelt hätte. Fíngen wurde erneut gerufen. „Nichts hat ihm helfen können", sagte Bóand. Sprach Fíngen: „Sendet nach dem Dagdæ, er soll kommen und mit seinem Sohn sprechen."

Man begab sich zum Dagdæ [„der gute Gott", Vater des Óengus], und er kam. „Warum wurde ich gerufen?" „Um deinem Sohn Rat zu spenden", sagte Bóand. „Es ist besser, daß du ihm hilfst, denn sein Tod wäre traurig. Er verzehrt sich. Er hat sich in eine Abwesende verliebt, und kein Mittel wurde dagegen gefunden." „Warum sagst du mir das", sprach der Dagdæ. „Ich weiß nicht mehr als du." „Wohl weißt du mehr!", sagte Fíngen. „Du bist der König der Síde [Hügel als Zugang zur Anderwelt] von Ériu. Sende Boten zu Bodb, dem König des Síd von Munster, denn sein Wissen wird in ganz Ériu gepriesen."

Sie begaben sich zu ihm; er hieß sie willkommen: „Willkommen, Volk des Dagdæ", sagte Bodb. „Deswegen sind wir ja gekommen." „Habt ihr Neuig-

keiten", sprach Bodb. „Das haben wir: Óengus, Sohn des Dagdæ verzehrt sich
seit zwei Jahren." „Was hat er?", sprach Bodb. „Er sah im Schlaf ein Mäd-
chen. Wir wissen nicht, wo in Ériu sich das Mädchen befindet, das er erblickt
hat und nun liebt. Der Dagdæ bittet dich, in ganz Ériu nach einem Mädchen
von dieser Gestalt und diesem Aussehen zu suchen." „Man wird sie suchen",
sagte Bodb, „aber laßt mir ein Jahr Zeit, bevor ich etwas weiß."
Nach einem Jahr begaben sie sich nach Síd ar Femuin [Nahe Cashel Rock,
County Tipperary]. „Ganz Ériu habe ich durchstreift, bis ich das Mädchen
am Loch Bél Dracon [„Drachenmaul-See"] in Cruitt Clíach [Galty Moun-
tains, County Tipperary] fand", sprach Bodb. Dann begaben sie sich zum
Dagdæ und wurden willkommen geheißen. „Habt ihr Neuigkeiten?", sprach
der Dagdæ. „Gute Neuigkeiten. Das Mädchen, ganz wie du es beschrieben
hast, ist gefunden worden. Bodb bittet dich, Óengus mit uns gehen zu lassen,
um herauszufinden, ob er das Mädchen erkennt, wenn er sie erblickt."
Man fuhr Óengus in einem Streitwagen nach Síd ar Femuin. Der König hatte
ein großes Fest bereitet, um ihn willkommen zu heißen. Drei Tage und drei
Nächte verbrachten sie auf dem Fest. „Komm jetzt mit mir", sagte Bodb, „um
das Mädchen zu erkennen, wenn du sie erblickst. Aber erkennst du sie,
kannst du sie nur betrachten, denn es ist nicht in meiner Macht, sie dir zu ge-
ben." Dann begaben sie sich an den See und sahen dreimal fünfzig Jungfrauen,
und die gesuchte Jungfrau war unter ihnen. Die (anderen) Mädchen reichten ihr
nur bis zur Schulter. Zwischen jedem Paar der Mädchen hing ein silbernes
Kettlein. Óengus' Mädchen jedoch trug einen silbernen Halsschmuck und ein
Kettlein aus glänzendem Gold. Da sagte Bodb: „Kannst du das Mädchen dort
erkennen?" „Wahrhaft erkenne ich sie", sagte Óengus. „Ich kann nicht mehr
für dich tun", sagte Bodb. „Wie auch immer", sagte Óengus, „denn sie ist es,
die ich gesehen hatte. Ich kann sie dieses Mal nicht mit mir nehmen. Wer ist
dieses junge Mädchen, Bodb?" „Ich kenne sie natürlich", sagte Bodb. „Es ist
Cáer Ibomeith, Tochter des Ethal Ambúail, aus Síd Famuin in der Provinz
Connachta."
Danach kehrten Óengus und sein Volk in ihr eigenes Land zurück. Bodb be-
gleitete sie und sprach mit dem Dagdæ und Bóand in Bruig ind Maicc Óic

[Newgrange im Tal des Boyne-Flusses, County Meath, wo Dagdaes Residenz war]. Sie erzählten, was vorgefallen und wie das Mädchen in Gestalt und Erscheinung beschaffen war, ganz wie Óengus sie (einst) erblickt hatte. Sie nannten den Namen des Mädchens und den Namen ihres Vaters und Großvaters. „Leider können wir sie nicht mit uns nehmen", sagte der Dagdæ. „Du solltest dich zu Ailill *[König von Connaught]* und Medb *[„Trunkenheit", seine Frau]* begeben, o Dagdæ, denn das Mädchen verweilt in ihrer Provinz", sagte Bodb.

Da brach der Dagdæ nach Connacht auf, mit einer Eskorte von dreimal zwanzig Streitwagen. Der König und die Königin hießen sie willkommen. Eine volle Woche feierten sie über dem Bier, das man ihnen auftischte. „Was hat dich zu uns gebracht?", sagte der König *[Ailill]*. „Auf deinem Gebiet befindet sich ein Mädchen, in das sich mein Sohn verliebt hat und nach der er sich nun verzehrt. Ich bin gekommen, um zu erfahren, ob du sie dem Jungen geben kannst." „Wer ist sie?", sagte Ailill. „Die Tochter von Ethal Anbúail." „Wir besitzen keine Macht über sie", sagten Ailill und Medb, „wenn wir könnten, würden wir sie ihm geben."

„Am besten wäre es, wenn ihr nach dem König des Síd *[Ethal]* senden würdet", sagte der Dagdæ. Der Diener von Ailill suchte Ethal Anbúail auf. „Ailill und Medb fordern dich auf, zu kommen und mit ihnen zu reden." „Ich werde nicht kommen", sagte er, „und ich werde meine Tochter dem Sohn des Dagdæ nicht geben." Diese Antwort wurde Ailill überbracht. „Er wird nicht kommen, denn er weiß, warum er gerufen wurde." „Wie auch immer", sagte Ailill, „er wird kommen, zusammen mit den Köpfen seiner Krieger."

Daraufhin erhoben sich Ailills Mannen und das Volk des Dagdæ gegen den Síd und zerstörten den Hügel. Dreimal zwanzig Köpfe brachten sie heraus, und den König führte man als Gefangenen nach Crúachu. Da sagte Ailill zu Ethal Anbúail: „Gib dem Sohn des Dagdæ deine Tochter." Sprach der: „Ich kann nicht, denn ihre Macht ist größer als die meine." „Über welch große Macht gebietet sie denn?", sagte Ailill. „Das ist ganz einfach: In dem einen Jahr nimmt sie die Gestalt eines Vogels an, in dem anderen Jahr die Gestalt eines Menschen." „In welchem Jahr ist sie in Vogelgestalt?", sagte Ailill. „Ich werde sie nicht verraten", sagte ihr Vater. — „Den Kopf schlage ich dir ab,

wenn du es nicht sagst", sprach Ailill. „Nun, ich werde es nicht länger ver-
schweigen, sondern es dir verraten, weil du so hartnäckig bist. Zum nächsten
Samain-Fest [zu Winteranfang] wird sie die Gestalt eines Vogels haben und
sich am Loch Bél Dracon befinden. In ihrer Begleitung wird man wunderbare
Vögel sehen, dreimal fünfzig Schwäne. Ich werde mich für sie vorbereiten." Der
Dagdæ sprach: „Das kümmert mich nicht, da ich jetzt weiß, in welcher We-
sensform sie zu finden ist."
Dann schlossen Ailill, Ethal und der Dagdæ Frieden. Ethal wurde freigelas-
sen. Der Dagdæ nahm Abschied und kehrte nach Hause zurück, um seinem
Sohn von den Neuigkeiten zu berichten. „Begib dich zu Samain an den Loch
Bél Dracon und rufe sie vom See zu dir." Der Mac Óg [Óengus] begab sich
zum Loch Bél Dracon. Er sah dreimal fünfzig weiße Vögel auf dem See, mit
silbernen Kettlein und Goldlocken auf den Häuptern. Óengus stand in mensch-
licher Gestalt am Seeufer. Er rief das Mädchen zu sich: „Komm, sprich mit
mir, Cáer!" „Wer ruft mich", sagte Cáer. „Óengus ruft dich." „Ich werde
kommen, wenn du mir dein Ehrenwort gibst, daß ich morgen zum See zurück-
kehren kann." „Ich verspreche es", sagte er.
Da kam sie zu ihm. Er nahm sie in die Arme. Sie vereinigten sich in Gestalt
zweier Schwäne und umkreisten den See dreimal. Auf diese Weise wurde sein
Versprechen nicht gebrochen. In der Gestalt weißer Vögel brachen sie auf und
kamen nach Bruig ind Maicc Óic. Gemeinsam sangen sie, so daß die Men-
schen dort für drei Tage und drei Nächte in Schlaf fielen. Danach blieb das
Mädchen bei Óengus. Auf diese Weise entstand die Freundschaft zwischen
dem Mac Óc [Óengus], Ailill und Medb. Deshalb nahm Óengus seine Drei-
hundertschaft mit auf den Raub der Rinder des Cúlainge. Und das ist das
Traumgesicht des Óengus mac Dagdæ.«

Im Gegensatz zu unserm Eddalied, welches die Götterbezüge noch
erhalten hat, wirkt die celtische Form, die eine wunderschöne Lie-
besgeschichte ist, ungleich jünger, da auch alle Orte mit tatsächli-
chen Orten verbunden sind. Wären die Götternamen (z. B. Dagdæ)
nicht, könnte man meinen, einen mittelalterlichen höfischen Ro-

man vor sich zu haben. Aber der stammt aus dem 8./9. Jh. Man kann nun vielleicht ermessen, wie viel älter dagegen das Lied Skírnisfǫr in der Edda sein muß.

Man könnte nun einwenden, daß es sich um eine märchenhafte Brautsuch-Geschichte handelt, wie sie häufiger zu finden ist, aber daß sie nichts mit dem Mythos von Freyr und Gerðr zu tun hat. Den Beweis liefern aber bereits die Namen, sie entsprechen sich völlig. So ist der celtische Óengus natürlich unser Ingwaz, was besonders bei der gotischen Namensform „Enguz" deutlich wird. Diese Namensform finden wir im Codex 795 der Wiener Hofbibliothek (früher: Codex Salisburgensis 140), einer Alcuin-Handschrift aus dem 9. Jh. Die celtische Namensform hat lediglich noch ein „o" vorangestellt. Deswegen übrigens ist es auch möglich, die celtischen Übersetzungen des Namens Óengus („die einmalige Wahl, der Außergewöhnliche, Einzigartige") auf unser „Ingwaz" zu beziehen, und umgekehrt.

Abb. 6: Mögliche Freysdarstellung auf dem Opferkessel von Gundestrup.

Auch die weibliche Hauptperson dieser Geschichte stimmt mit unserer Gerðr überein: Cáer (walisisch: Ker). Wir wissen, daß die Römer ursprünglich nicht zwischen G und C unterschieden, ein G war ein C mit Beistrich, die Aussprache andeutend: C, = G. Und auch die jüngere Runenreihe hat nur eine Rune für die Laute „g" und „k", während die ältere Runenreihe beide Laute („k" und „g") nebeneinanderstellt, was auch mit ihren ähnlichen Lautwerten erklärt werden kann. Und das „ð" wird wie ein stimmloses englisches „th" gesprochen, also kaum hörbar. CAER = GER = Gerd, Gerðr. Auch von der Bedeutung her entsprechen sich beide, denn Gerðr wird vom Altnordischen garðr („umzäuntes Feld") hergeleitet und bedeutet „die durch eine Einzäunung Geschützte". Verwandt ist der Begriff „Garten", eine to-Bildung bzw. dh-Erweiterung der indogermanischen Wurzel *gher- „umzäunen, einhegen, einfassen". Cáer und Gerðr entsprechen also einander.

Der Name „Cáer" wird meist übersetzt mit „Burg" oder „Schloß"; das Wort ist verwandt mit engl. -chester (z. B. Manchester) und castle (lat. Castellum). Es bezeichnete ursprünglich eine Burg, einen Burgwall oder eben eine eingezäunte Anlage, einen Garten, ganz wie der Name der Gerðr.
Bleibt nur noch der zweite Namensteil, „Ibormeit" oder „Ibormeith". Er wird übersetzt mit „Eibenbeere"; die Eibe ist der Zauber- und Rauschbaum und daher passend. Nur ergibt die Übersetzung „Burg Eibenbeere" wenig Sinn. Wenn wir aber auf die ältere Wortstufe zurückgehen, dann können wir den Namen übersetzen mit „Garten der Eibenbeeren". Das beweist uns, daß im celtischen Mythos der Name „Cáer" noch nicht einfach als „Burg" übersetzt werden kann, sondern die ältere Bedeutung heranzuziehen ist. Dieser celtische Name hat also ein recht hohes Alter.
Die Eibe ist ein wintergrüner Baum und auch der germanische Wintergott Ullr besitzt eine Burg „Ýdalir" („Eibentäler"). Somit

wird in Cáers Namen zugleich auf den Winter hingewiesen. Cáer befindet sich ja eigentlich noch in der Gewalt des Winters, aus der sie erst von Freyr/ Óengus befreit werden muß. Deswegen ist ihr Vater – als Vertreter des Winters – mit ihrer Vermählung an Óengus auch nicht einverstanden.

Es wäre sehr unwahrscheinlich, wenn die beiden Namen (Cáer/ Gerðr und Óengus/Ingwaz) nur zufällig ähnlich lauteten. Davon ist wohl kaum auszugehen. Dazu kommt, daß Cáer Ibormeit im celtischen Mythos aus dem Álbengeschlecht ist, Freyr aber ist Herr über Álfheimr, der Welt, wo die Ljósálfar („Lichtalben") wohnen, die guten und lichtesten der Alben. Die Álben sind ja auch für das Wachstum zuständig. Grímnismál 5 lautet[30]:

> *»Álfheim gaben dem Freyr die Götter im Anfang*
> *Der Zeiten als Zahngebinde.«*

Auch in der Mutter des Freyr entsprechen sich die Mythen. Freyr ist wie erwähnt der Sohn von Njǫrðr und Njǫrunn. Njǫrunn heißt bei Tacitus Nerthus. Über ihren Kult erzählt der Römer, daß in Ihrem Heiligtum ein Wagen aufbewahrt wurde, der von Kühen gezogen wurde (siehe Seite 25). Auffällig ist nun, daß der Name der Mutter des Óengus „Bóand" lautet, was man von *bo vinda ableitet und was „weiße Kuh" bedeutet. Njǫrunn/ Nerthus und Bóand stehen außerdem auch mit dem Wasser in Verbindung, weil Nerthus Ihr Heiligtum auf einer Insel des Weltmeeres hat und Ihr Bruder Njǫrðr Meeresgott ist.

Óengus ging aus der Verbindung von Dagdæ und Bóand (die eine Erd- und Flußgöttin ist) hervor und heißt auch „Mac Óc" („der junge Sohn"), da er die ewige Jugend besitzt. In den Skírnisfǫr bietet Skírnir der Gerðr aber gerade goldene Äpfel an, die sicher Äpfel der ewigen Jugend sind. Freyr wird überhaupt immer eher als jugendlicher Gott dargestellt, und sein Name kann eben auch „der Junge, Nachkomme, Sohn" bedeuten.

Der Forscher F. R. Schröder deutete den Namen Yngvi-Freyr (bzw. Ingunar-Freyr) als der „Herr oder Gatte der Eibengöttin Ingun". Das ist zwar abwegig, immerhin aber wird hier die Eibe mit ins Spiel gebracht, wie bei Cáer Ibormeit.

Inhaltlich ist die celtische Fassung ausführlicher. Was in der Edda ein Halbsatz ist, ist hier länger ausgeführt. Aber es gibt auch Unterschiede: Cáer erscheint dem Óengus, d. h. sie selbst nimmt den Kontakt auf und bewirkt damit, daß er sie suchen muß. Cáer wird also wohl von ihrem Vater gefangengehalten, und dieser verweigert ihr eine Heirat. Und auch das ist im germanischen Mythos angedeutet, denn Gerðr ist ja Tochter des Riesen Gymir; Gymir ist ein Winterriese, der die Erde natürlich in Gefangenschaft hält. Aber auch sonst sind die Riesen den Göttern Feinde und wollen ihre Sippen nicht durch Heirat mit den Göttern verbinden, weswegen offenbar Zwang ausgeübt werden mußte, wie der celtische Mythos belegt, während in der germanischen Fassung nur der Hirte überwunden werden muß.

Aus Anlaß der Hochzeit von Freyr mit Gerðr begeben sich die Götter zu Gymir, der auch Aegir heißt, und feiern dort. Das beschreibt das Eddalied Lokasenna, in dessen Einleitung die Götter aufgezählt werden, die daran teilnahmen, auch Freyr, während Gerðr nicht erwähnt wird. Aber Freys Diener Byggvir und Beyla sind da, weil Freyr hier ja als Bräutigam erscheinen wollte (was durch Lokis Schmähreden gestört wurde).

Es erfolgt später ein Gegenbesuch Aegir/Gymirs bei den Göttern, der im Liede Bragerœður beschrieben wird. In der Einleitung die-

ses Liedes wird dann auch Gerðr erwähnt, also ist hier die Vermählung bereits geschehen.

Kapitel 5

Die Verehrung Freys

Der Gott Freyr wurde ganz besonders in Schweden verehrt; zu Upsala befand sich der bekannteste Tempel mit drei Götterbildern, darunter Freyr. Noch heute kann man die drei Hügel (Freys Hügel, Óðins Hügel und Þórs Hügel) dortselbst sehen (Abb. 7). In Norwegen wurde eher Óðinn, in Island Þórr an erster Stelle verehrt. Natürlich wurden auch alle anderen Götter in diesen Ländern verehrt, aber die erwähnten ganz besonders. Das wird in den Quellen auch klar gesagt, wie z. B. in der Ólafs saga Tryggvasonar (14. Jh.)[31]:

»Dort [in Schweden] waren in jener Zeit große Opfer, und Freyr war am meisten verehrt worden.«

Der Þáttr Styrbjarnar Sviakappa aus dem 14-15. Jh. erwähnt die am meisten verehrten Götter der andern Gebiete[32]:

»König Ólaf machte das ganze Reich christlich; alle Opfer rottete er aus und alle Götter, wie Þórr, den Gott der Engländer, und Óðinn, der Sachsen Gott, und Skjǫld, den Gott der Schonen, und Freyr, den Schwedengott, und Goðorm, den Gott der Dänen.«

Auch in der Hallfredar saga aus dem 9.-12.Jh. (Kap. 5) wird Freyr mit Schweden zusammengebracht. Hier werden auch Opfer für die Gottheit, die den Schiffern den Wind bringt, gelobt[33]:

53

»Und als er [Hallfred] eines Sommers von Island nach Norwegen kam, da lag er mit seinen Gefährten bei Agdanes vor Anker, und dort trafen sie Leute, mit denen sie sich unterhalten konnten, und fragten nach Neuigkeiten. Es wurde ihnen erzählt, daß ein Herrscherwechsel in Norwegen eingetreten sei. Hákon, der Jarl, sei tot, und Ólaf, der Sohn Tryggvis, war an seine Stelle gekommen und mit ihm neue Glaubenssitten und Anordnungen. Da einigten sich die Schiffer darauf, ein Gelübde abzulegen: sie wollten Freyr ein großes Opfer bringen, wenn sie Fahrwind nach Schweden bekämen, aber Þórr und Óðinn, wenn sie nach Island fahren könnten. Doch wenn sie keinen günstigen Fahrwind bekämen, dann sollte der König über sie bestimmen.«

Abb. 7: Dreihügelheiligtum Upsala (vorne Freys Hügel). A. Meyer 1850.

In der Ynglinga Saga 10 werden die Götter als Oberpriester (Díar) bezeichnet und vermenschlicht als frühere Herrscher. Der Tod der einzelnen Götter wird erwähnt, so Óðins Tod, der dazu führte, daß Njǫrðr nun die Herrschaft in Schweden erhielt und eine Zeit von Frieden und Fruchtbarkeit begann. Nach Njǫrðs Tode folgte Freyr und wir lesen[34]:

»Nach Njǫrðs Tode bekam Freyr die Herrschaft. Er wurde Herrscher der Schweden genannt, und diese zahlten ihm Königsabgaben. Er war allbeliebt und an Glücksjahren reich wie sein Vater. Freyr errichtete einen großen

Tempel in Upsala. Dorthin verlegte er auch seine Hauptstadt und ließ in diese seine Einkäufe aus Land und losen Geldern fließen. Damals begann der „Reichtum von Upsala", der seitdem immer anhielt. Zu seiner Zeit fing der Fróði-Friede an, und damals gab es auch fruchtbare Jahre durch alle Lande. Das alles führten die Schweden auf Freyr zurück, und deswegen verehrte man ihn mehr als die anderen Götter, weil zu seiner Zeit das Volk im Lande reicher wurde als je zuvor, infolge des Friedens und der guten Jahre.

Gerðr, die Tochter Gymirs, war sein Weib. Beider Sohn hieß Fjǫlnir. Ein andrer Name Freys war Yngvi. Der Name Yngvi wurde noch lange danach in seinem Geschlecht als Ehrenname gebraucht, und seine Nachkommen nannten sich später danach Ynglinge.

Nun wurde Freyr krank, und als seine Krankheit schlimmer wurde, berieten sich seine Leute untereinander und ließen nur wenig Volks zu ihm. Sie errichteten einen großen Grabhügel und machten eine Tür daran und drei Fenster. Und als Freyr tot war, trugen sie ihn heimlich in den Hügel und sagten den Schweden, er sei noch am Leben. Sie verwahrten ihn dort drei Jahre, sie schütteten aber alle Abgaben in den Grabhügel, durch ein Fenster das Gold, durch das zweite das Silber und durch das dritte die Kupfermünzen. So dauerten Frieden und Fruchtbarkeit weiter (…)

Da nun alle Schweden wußten, daß Freyr tot war, aber doch Friede und Fruchtbarkeit blieben, glaubten sie, das würde weiter währen, solange Freyr in Schweden bliebe, und wollten ihn nicht verbrennen. Sie nannten ihn Weltgott [Veraldar goð] und brachten ihm zumeist immer weiter Opfer um Frieden und fruchtbare Jahre.

Fjǫlnir, Yngvifreys Sohn, waltete nun über Schweden und dem Upsala-Reichtum. Er war ein mächtiger Mann, und unter ihm war im Lande Fruchtbarkeit und Friede.«

Hier liegt der Versuch vor, aus Göttern Vorzeitkönige und Vorfahren der späteren (menschlichen) Könige zu machen. Nur mußte man irgendwie erklären, warum die Menschen ihnen opferten und sie als Götter verehrten. Dazu hat man sich diese

Geschichte ersonnen. Wir wissen, daß Götter unsterblich sind – genau das zeichnet Sie ja als Götter aus. Aber der Text ist dennoch ein wertvolles Zeugnis für den Freyskult in Schweden. Der westliche der drei großen Hügel in Upsala ist der Hügel des Freyr (Abb. 7). In einer Erzählung von Ólafr Tryggvason[35] heißt es, daß später aus diesem Grabhügel zwei Idole geraubt wurden, die, nach Trondheim gebracht, dort die Verehrung von Freyr veranlaßt hätten. Mehrfach wurde dort gegraben, zuletzt 1874, weil man (vergeblich) hoffte, die erwähnten Schätze zu finden (Abb. 8).

Abb. 8: Grabungen am Freyshügel von Upsala 1874.

Daß Freyr auch in Deutschland verehrt wurde, belegt Karl der „Große" in seinem „Capitulare" aus dem Jahre 802[36]:

»Wenn aber der Mensch nicht bereit ist, sich dem Urteil des Bischofs zu unterwerfen, was er wiedergutmachen soll, so soll er vor uns gebracht werden, im Gedächtnis das Beispiel habend, welches gemacht wurde im Falle der Unzucht, den Fricco im Tempel begangen hat.«

Er nennt den Gott hier Fricco, und es ist anzunehmen, daß Adam von Bremen den Namen Fricco von Karl übernommen hat. Er legte die Strafmaße für Unzucht fest, der Unzucht, „wie sie Fricco als erster ausübte".

Eine weitere Erwähnung, die allerdings nur indirekt ist, finden wir in der Gründungsage des Klosters Freckenhorst. Es handelt sich um die Anfang des 15. Jh. verfaßte lateinische und auch niederdeutsche Schrift „De constructione monasterii Freckenhorstensis"; dort scheint einst ein Heiligtum von Fricco gestanden zu haben. Ich führe den Text in der kürzeren Nacherzählung an[37]:

»Es lebte zur Zeit König Ludwigs des Jüngeren ein gewisser Everword, edler Herkunft. Seine Gemahlin Geva zeichnete sich durch Schönheit und Wohltätigkeit aus. Der fromme Everword verfügte wie seine Frau über großen, von den Vorfahren ererbten Besitz an Höfen und Ländereien. Jedoch besaß das Ehepaar keine Kinder.

Everwords Schweinehirt Freckyo, der dem Ort Freckenhorst den Namen gab, trieb im Herbst seine Schweine in den Eichwald zur Mast. Abends kehrte er mit ihnen zu seiner Hütte zurück, die auf einer kleinen Bodenerhebung lag und Schutz vor Dieben und Raubtieren bot. Eines Nachts bemerkte der Hirt mit Schrecken an der Stelle, wo später das Monasterium erbaut wurde, im dichten Walde ein großes Licht. In seiner Angst wagte er erst bei hellem Tage die Stelle in Augenschein zu nehmen, fand aber keine Spuren. In den folgenden Nächten kehrte das Licht verstärkt wieder.

Als eines Tages der Vogt und der Meier des Edelherrn kamen, um die Schweineherde zu besehen, berichtete Freckyo ihnen die furchterregende Erscheinung. Der Vogt trug die Sache seinem Herrn vor. Dieser ordnete eine Untersuchung durch seine Getreuen an. Auch diese beobachteten die noch weiter verstärkte Erscheinung und kamen zu der Überzeugung, sie könne nur durch in der Erde vergrabene Reliquien von Märtyrern oder Heiligtümer hervorgerufen sein. Auf ihren Bericht hin begab sich Everword selbst mit allen seinen Rittern und Knappen, die gegenwärtig waren, zu dem Hügel im Walde. Nachdem das Zelt aufgeschlagen und die Nacht hereingebrochen war, sah auch er das Licht. Hinzu trat plötzlich ein so starker Schein, daß die Augen ihn nicht ertrugen. Er hatte die Gestalt eines Hauses und ließ einen Mann erkennen, der sich an- schickte, den Grundriß mit einer Schnur auszumessen. Everword erkannte, daß Gott ihm hiermit bedeuten wollte, daß er diese Stätte zu seiner Ehre aus- erkoren habe. Der fromme Mann verbrachte die Nacht im Gebet und schlief erst bei Tagesanbruch ein. Im Traum erschien ihm der Apostel Petrus und of- fenbarte, daß er es gewesen sei, der den Grundriß der Kirche vermessen habe. Er forderte Everword auf, den Bau zu errichten. Als dieser aus dem Schlaf auffuhr, war die Stimme verschwunden. An der Stelle, an der man im Walde das große Licht gesehen hatte, waren alle Bäume zerbrochen und verbrannt, so- weit Petrus das Maß genommen hatte.

Nach diesem Erlebnis begab sich Everword zum Bischof Liudbert von Mün- ster, um Rat zu holen. Auf Weisung des Bischofs rodete er den von der Licht- erscheinung verwüsteten Teil des Waldes und ließ die Fundamente der Kirche ausheben. Dabei fanden die Arbeiter einen Stein, auf dem deutlich ein mensch- licher Fußabdruck erkennbar war. Niemand zweifelte, daß der hl. Petrus hier seine Spur hinterlassen hatte. Noch zur Zeit der Niederschrift der Legende wurde der Stein als Zeugnis für die Anwesenheit des Apostels in dem Oratori- um aufbewahrt, das Everword nun erbaute. Der Bischof vollzog die Weihe zu Ehren des Apostels Petrus. In der Nähe des Oratoriums errichtete Everword die für ein Kloster notwendigen Gebäude.«

In der Gründungsurkunde heißt es auch, daß das Kloster am 24. 12. gegründet wurde, also genau zum damaligen Zeitpunkt der Wintersonnenwende, an der im Heidentum ja Freys Geburt oder Wiedergeburt stattfand. Auch ist bemerkenswert, daß der in der Sage erwähnte Everword historisch nicht nachweisbar ist, sondern wohl eine erfundene Gestalt darstellt. Die Sage erzählt weiter, daß sie dann doch noch Kinder bekamen – ein Hinweis auf Freyr als Gott der Fruchtbarkeit[38].

Natürlich deutet der Name „Eberward" und die Erwähnung der Schweine, zusammen mit dem Namen „Freckyo", auf den Gott Fricco/ Freyr hin; eine Deutung auf die Göttin Frigg dagegen ist weniger wahrscheinlich.

In den isländischen Landnámabók wird geradezu von Freys-Anbetern geredet[39]:

»Dies aber sind die bedeutendsten Landnahmemänner gewesen: (…) Özur, der Sohn Ásbjörns und Enkel des Heyjangrsbjörn, von dem die Frey-Anbeter stammen.«

Das Vorhandensein der Rune des Gottes, *Ingwaz ◇ schon in der gemeingermanischen ältesten Runenreihe, in der nicht alle Gottheiten eine eigene Rune haben, ist ein weiterer Beleg für den Freys-Kult in ganz Germanien schon vor mindestens 2 Jahrtausenden.

Wie sah nun der gewöhnliche Kult des Gottes Freyr aus? Sicher ganz genauso, wie der Kult anderer Gottheiten; er bestand hauptsächlich aus Anrufungen, Gebeten und Opfern.
Eine Anrufung des Gottes Freyr finden wir in Skáldskaparmál Kap. 14. zu der Überschrift „Wie soll man Freyr nennen?", doch im Text ist von „anrufen" (kalla, vgl. engl to call = rufen) die Rede[40]:

»Man soll ihn anrufen Njǫrðs Sohn, Freyjas Bruder, Vanengott, Vanenvetter oder Vane oder Erntegott [árguð] und Reichtumsspender [fégjafi]. Freyr wird auch angerufen Belis Feind, Eigentümer des Skiðblaðnir und des Ebers Gullinborsti, der auch Slíðrugtanni heißt.«

Interessant die Formulierung „fé-gjafi" („Fé-Geber", „Besitz-Geber"), denn fé ist auch Name der ersten Rune ᚠ der jüngeren Runenreihe, die man in der Víkingerzeit als Rune Freys betrachtete.

Für ein Gebet und Stieropfer an Freyr gibt es in der Víga Glúms Saga aus dem 13. Jh ein Beispiel[41]:

»Es lag ein Tempel des Freyr südlich vom Flusse [Þvera] auf Hripkelsstätten. (…) Bevor Þórkel Þvera verließ, ging er zum Tempel des Freyr; er führte einen alten Ochsen dorthin und sagte: „Freyr, der Du lange mein treuer Schützer gewesen bist, viele Gaben von mir empfangen und sie reich gelohnt hast, – jetzt schenke ich Dir diesen Ochsen, damit Glúm ebenso unfreiwillig das Þveraland verlasse, wie ich jetzt. Laß mich ein Zeichen sehen, ob Du die Gabe annimmst oder nicht!" Da wurde der Ochse so wild, daß er aufbrüllte und tot niederfiel; Þórkel meinte, es sei gut abgelaufen, und es war ihm jetzt leichter ums Herz, weil er glaubte, daß das Gelübde erhört sei. Danach zog er hinüber nach dem Myvatn und wohnte dort.«

Ein ähnliches Stieropfer mit Gebet finden wir auch im Brandkrossa Þáttr aus der 2. Hälfte des 13. Jh. Es scheint in diesen beiden Textstellen so, daß man Freyr insbesondere auch für das Bleiben auf dem Lande, also für den eigenen Besitz, angerufen hat[42]:

»Und als Odd sich zum Wegzug rüstete, ließ er einen Stier schlachten und kochen. Und den ersten Ziehtag, als Odd zum Aufbruch fertig war, ließ er längs der Bänke Tische aufstellen, und das ganze Geschlachtete vom Stier wurde aufgetragen. Dann ging Odd hinzu und hielt eine Rede: „Hier ist nun der Tisch sorgsam zugerichtet, so wie für meine liebsten Freunde. Dieses Mahl gebe ich ganz und gar Freyr, damit er einst den, der an meine Stelle kommt, mit nicht geringerem Harm von Oddstaðir fortziehen lasse als ich jetzt ziehe". Dann zog Odd mit all den Seinigen fort.«

Wie es dann weitergeht, erfahren wir wieder aus der Víga Glúms Saga. Hier erscheint Freyr im Traum, und weil Freyr nach Meinung von Glúm nicht so geholfen hatte, wie Glúm es erwartet hatte, wendete er sich von Freyr ab[43]:

»Bevor aber Glúm von Hause aufbrach, träumte er, daß viele Leute nach Querach gekommen waren, den Freyr aufzusuchen und er glaubte, eine große Zahl Männer auf den Uferstrecken am Flusse zu sehn, Freyr aber saß auf einem Stuhle. Glúm fragte, wer die Ankömmlinge wären. Sie sagten: „Wir sind deine verstorbenen Verwandten, und wir bitten jetzt Freyr, das du nicht aus dem Querachlande vertrieben wirst. Aber es nützt nichts, und Freyr antwortet kurz und zornig und gedenkt jetzt des Ochsen, den ihm Þórkel der Hohe schenkte". Da erwachte Glúm und er äußerte, in Zukunft werde er dem Freyr weniger hold sein.«

Auch die eigenen Ahnen erscheinen dabei, und es wird deutlich, daß Götterkult auch mit Ahnenkult verbunden sein konnte. Natürlich bitten die Ahnen im Namen Glúms den Gott, doch dieser entscheidet nicht willkürlich, sondern geht in der etwas naiven Schilderung der Saga nur nach dem Wert der Opfergaben. Wir dürfen nicht vergessen, daß es einfache Menschen waren, die hier diese Erlebnisse hatten und erzählten, aber auch, daß eine Mitte des 13. Jh. aufgeschriebene Saga über zwei Jahrhunderte durch Christen überliefert wurde. Trotzdem wird deutlich, daß im Altheidentum die Götter keine toten Wesen sind, sondern auch mit den Menschen in Verbindung treten können und daß man sich von Göttern abwenden konnte, wenn man der Meinung war, daß sie nicht helfen würden.

Das Freyr mit den Menschen sprach, sagten die Heiden auch dem christlichen und fanatischen König Ólaf Tryggvason auf dessen Frage, die in der Ólafs Saga Tryggvasonar hin mesta (Ende des 13. Jh.) überliefert ist[44]:

»Der König sagte: „Worin zeigte er [der Gott Freyr] euch seine Macht?" Sie antworteten: „Darin, daß er oft mit uns sprach und zukünftige Dinge voraussagte und uns gutes Jahr und Frieden [ár ok friÞ] gewährte".«

Ich möchte einen Bericht des arabischen Reisenden Ahmad Ibn Fadlan auf den Gott Freyr beziehen, da dort der Gott mit „Herr" angeredet wird, was Übersetzung von „Freyr" ist und weil es um Reichtum beim Handel ging und Rinder geopfert wurden. Der Chronist beschrieb in seinem Risála („Büchlein") ein Opfer der varägischen Víkinger in Rußland im 10. Jh.[45]:

»Wenn ihre Schiffe am Ankerplatz festmachen, geht jeder an Land mit Brot, Fleisch, Zwiebeln, Milch, Bier und begibt sich zu einem langen aufrechten Holzstück mit menschlichem Gesicht, darum herum kleinere Figuren und dahinter hohe Stangen in der Erde. Er wendet sich an die große Figur, wirft sich vor ihr nieder, ruft sie mit „mein Herr" an, zählt alle Handelsartikel auf, die er mit sich führt, und bittet ihn, ihm einen Handelspartner zu verschaffen, der auf seine Preise willig eingeht. Dabei legt er die mitgebrachten Speisen und Getränke vor dem Holze nieder. Macht der Handel Schwierigkeiten und zieht sich in die Länge, bringt er ihm weitere Geschenke, auch den kleinen Figuren, die er als „unseres Herrn Frauen, Töchter und Söhne" anredet und um ihre Fürsprache ersucht. Wird er daraufhin alles los, was er anzubieten hatte, tötet er eine Anzahl Rinder und Schafe, um „seinem Herrn" zu vergelten, was er ihm erfüllt hat. Einen Teil des Fleisches verteilt er, den Rest legt er vor das große Holz und die kleinen Hölzer darum. Die Köpfe der Rinder oder Schafe hängt er an jene Stangen. In der Nacht fressen alles die Hunde, und der das Opfer gebracht hat, sagt, „sein Herr" sei mit ihm zufrieden und habe sein Geschenk verzehrt.«

Was der Moslem Ibn Fadlan abfällig anmerkt, nämlich daß Hunde das Opferfleisch fressen, ist für die Heiden ein Zeichen, daß die Götter das Opfer durch die ihnen geweihten Tiere als Vermittler angenommen haben. Es ist auch möglich, daß in diesem Text der Gott Óðinn gemeint ist, der mit „Herr" angeredet wurde, denn die varägischen Víkinger waren ja in erster Linie Kämpfer und nur nebenbei auch Händler.

Neben den Gebeten und Opfern der Bauern und Krieger an Freyr gibt es auch eine kultische Verbundenheit, die ein sog. „fulltrú" Verhältnis darstellt. Daß es Freysgoðen (Priester des Freyr) gab, erfahren wir z. B. aus den Landnámabók, der Gísla Saga (Þorgrímr Freysgoði), der Heimskringla, Brennu-Njáls Saga oder der Flóamanna Saga (Þórðr Freysgoði, Halbbruder der Þuríðr hofgyðja). Auch eine Gyðja (Priesterin) des Freyr ist bekannt; es gibt aber auch eine ganze isländische Saga, die sich mit einem Freysgoðen befaßt, die Hrafnkels Saga Freysgoða aus der 2. Hälfte des 13. Jh.[46]:

»Sobald aber Hrafnkel in Adalbol sich festgesetzt hatte, da fing er mächtig an zu opfern. Er ließ einen großen Tempel bauen. Keinen Gott liebte er mehr als Freyr, und ihm schenkte er von allen seinen besten Besitzstücken die Hälfte.
Hrafnkel nahm das ganze Tal in Besitz und schenkte neuen Ansiedlern Ländereien, aber er wollte ihr Häuptling sein und machte sich zu ihrem Goðen. Daher bekam er einen Beinamen und hieß Freysgoði (...)
Hrafnkel hatte unter seinem Vieh ein kostbares Tier, das war ihm mehr wert als andre Wertstücke: es war ein Hengst, mausgrau von Farbe, mit einem schwarzen Streifen auf dem Rücken. Er nannte ihn seinen Freysfaxi [Freysmähne], denn er hatte auch von diesem Hengste seinem Freunde Freyr die Hälfte geschenkt. Zu dem Pferde hatte er eine solche Liebe, daß er einen Eid schwor, wer ihn ritte ohne seinen Willen, den wolle er totschlagen.«

Als der neue Knecht Einar eingestellt wird, belehrt ihn Hrafnkel[47]:

»Über eins aber will ich dich noch aufklären, ebenso wie meine andern Hirten. Im Tale geht Freyfaxi mit seinen Stuten. Auf ihn mußt du ein Auge haben Sommer und Winter. Warnen aber will ich dich vor einem: setze dich nie dem Tiere auf den Rücken, und wenn die Not noch so groß ist! Denn das habe ich hoch und teuer geschworen, daß ich jeden totschlage, der auf ihm reitet. Zu ihm gehören zwölf Stuten; davon kannst du jede zum Reiten nehmen, bei Tage oder Nacht.«

Und natürlich mißachtet Einar das Gebot Hrafnkels, reitet den Hengst, und dieser entweicht ihm und läuft zum Hofe Hrafnkels, wo er laut wiehert[48]:

»„Was mag das gute Tier wollen, daß es heimgekommen ist?" sagte Hrafnkel, „das bedeutet nichts Gutes!" Und er ging hinaus, sah Freyfaxi und sprach zu ihm: „Das ist schlimm, lieber Freund, daß dir so mitgespielt ist! Aber du hast deinen Verstand gebraucht, daß du es mir erzähltest: es soll gerächt werden. Geh nun zu deinem Gesinde!" Das Tier trabte sogleich talaufwärts zu seinen Stuten.«

Hier kommt das innige und religiöse Verhältnis Hrafnkels zu Freyfaxi gut zum Ausdruck; Hrafnkel redet mit ihm und versteht ihn. Das Pferd weiß, daß da Unrecht geschehen ist. Offenbar steht der Hengst in der Saga noch für die Gottheit selbst.
Natürlich führt dies zu einer schweren Fehde, bei der Hrafnkels Gegner schließlich siegen. Den Hengst bringen sie um[49]:

»Die Þjostarssöhne zogen Freyfaxi einen Sack über den Kopf, nahmen dann lange Stangen und stießen ihn so über den Rand der Klippe hinunter. Um den Hals hatten sie ihm einen Stein gebunden, und so ertränkten sie ihn. Der Fels heißt seitdem Freyfaxiklippe. Oberhalb von ihm stand das Götterhaus, das Hrafnkel gehört hatte. Þórkel ließ sich dahin führen. Er ließ alle Götterbilder plündern, danach ließ er Feuer an den Tempel legen und alles niederbrennen.«

Da die Saga natürlich im christlichen Sinne enden mußte, wird berichtet, daß sich Hrafnkel vom heidnischen Glauben abwendete[50]:

»Drüben im Fljotsdal hörte Hrafnkel davon, daß die Þjostarssöhne Freyfaxi getötet und den Tempel verbrannt hätten. Da sprach Hrafnkel: „Ich halte es für Unsinn, an Götter zu glauben". Er erklärte, nie mehr werde er an Götter glauben. Und das hielt er auch und opferte niemals mehr.«

Allerdings kommt er erneut zu großem Reichtum, wird wieder Goðe und stirbt am Ende friedlich an einer Krankheit; er wird mit reichen Beigaben, also doch offenbar heidnisch, in einem Hügel bestattet.

Man kann den Wahrheitsgehalt dieser Saga durchaus bezweifeln, zumal der Name Hrafnkel („kleiner Rabe") und der seines Vaters Hrafn („Rabe") eher auf einen Óðinskult hindeuten; aber Tatsache ist auch, daß die Saga-Erzähler noch davon ausgingen, daß der Gott Freyr dem Hrafnkel den Reichtum bescherte, auch nach der Tempelzerstörung und der angeblichen Abwendung. Das paßt zu einer beim Skálden Egill Skallagrímsson zwischen 934 und 962 gedichteten Strophe der Arinbjarnarqviða, wo Freyr als Reichtumsgott bezeichnet wird[51]:

> »*Freyr und Njǫrð den Freund begabten,*
> *Den kühnen Recken, mit großem Reichtum.*«

Auch im Flateyjarbók werden dem Freyr gehörende, also geweihte Rosse erwähnt, zu denen König Olaf Tryggvason ging[52]:

> »*So kam er eher zum Tempel. Und als er an Land kam, sahen seine Leute einige Zuchtpferde am Wege, von denen sie sagten, daß sie Freyr gehörten. Der König bestieg den Hengst und ließ die Rosse greifen, und so ritten sie nun zum Tempel hinan. Der König stieg vom Pferde und ging in den Tempel hinein.*«

Und in der Vatnsdœla Saga besitzt ein Mann namens Brandr gleichfalls ein Roß mit dem Namen Freyfaxi[53]:

> »*Brandr hatte ein Pferd mit schöner Mähne, das Freyfaxi hieß. Er war treu besorgt um das Pferd und schätzte es hoch; man konnte sich auch sicher darauf verlassen, im Kampfe und sonst. Die meisten halten es für wahr, daß Brandr seinen Glauben auf Faxi gesetzt hatte.*«

Für Glaubwürdigkeit der Hrafnkels Saga und der Schilderung der Freyspferde spricht auch eine griechische Parallele. Im heiligen Bezirk des Poseidon Hippios (der dem Gott Njǫrðr entspricht) durften die Pferde nicht von Menschen gebraucht werden, ansonsten würde der Gott seine Lieblingstiere rächen.

Es gibt zahlreiche Vornamen, die sich auf den Gott Yngvi-Freyr beziehen und Zeugnis dafür sind, wie Menschen diesen Gott auch in den eigenen Familien verehrt haben. Dabei kommt der reine Gottesname (Ing) praktisch nie vor (er entsteht nur ungewollt durch Verkürzung längerer Ing-Namen), da man aus Respekt und Achtung Menschen nie unveränderte Götternamen gab. Der Name Inguiomer (Ingemar) kommt schon vor 2 Jahrtausenden vor; er war Oheim Armins des Cheruskers. Namen mit „Fro-" kann man nicht auf Freyr deuten, da sie auch einfach „klug" bedeuten können, hingegen kann der Bestandteil „frid-" („Friede") auf den Gott bezogen werden, da Er ja auch Friedensgott ist. Hier nun einige der Ing-Vornamen:

Ingalisa (Zusammensetzung aus Ingeborg und Elisabeth);
Ingbrand („Ing-Schwert", „sei Ings Schwertkämpfer");
Ingebald („Ing-kühn", „sei kühn wie Ing");
Ingebert, Ingobert, Kurzform: Ingo, Inko („Ing-berühmt", „sei berühmt wie Ing");
Ingeborg, Inger, Kurzform: Inga, Inge, Inka, Inken, Ingela („Ing-bergend", „sei Ings Schützerin" oder „Ing sei dein Beschützer");
Ingelore (Zusammensetzung von Inge und Eleonore);
Ingelotte (Zusammensetzung aus Inge und Charlotte);
Ingemaria (Zusammensetzung aus Inge und Maria);
Ingerose (Zusammensetzung aus Inge und Rosa);
Ingetraut, Ingetraude (Zusammensetzung aus Inge und Gertraud) („Ing-Speervertraute");

Ingfrieda („Ing-Friede", „sei von Ing beschützt" oder „Ing bringe dir Frieden");

Inghild, Ingild („Ing-Hilde", „sei Hilde [Valkyre, Kämpferin] des Ing");

Ingodeo („Ing-Knecht", „sei Ings Diener");

Ingowald, Ingold, Ingwalt („Ing-Walter", „Ing sei dein Herr");

Ingolf („Ing-Wolf", „sei Ings Wolf [Kämpfer]");

Ingomar, Hinkmar („Ing-Berühmt", „sei berühmt wie Ing" oder „werde durch Ing berühmt");

Ingraban, Ingram („Ing-Rabe", „sei Ings Rabe [= Klugheit]");

Ingrid (nordisch, „Ing-schön" oder „Ing-Reiterin", „Ing mache dich schön", „sei Ings Reiterin");

Ingrun („Ing-Rune", „sei Ings Runenzauberin", „habe Ings Zauberkraft");

Ingunde („Ing-Gund", „sei Ings Valkyre [Kämpferin]");

Ingwar, Ingvar, Ingvarr, Yngvarr, Iwar, Ivar, Igor („Ing-Heer", „sei in Ings Heer");

Ingwin, latinisiert Ingenuin („Ing-Freund", „sei Ings Freund" oder „Ing sei dein Freund").

Die große Verehrung des Gottes Freyr wird auch durch die vielen auf Ihn hinweisenden Ortsnamen bestätigt, die sich in Skandinavien finden (siehe die Karte auf S. 68): Fredsberg (Frösbiærgh) in Westgötland; Fröshammar in Västmannland; Frösögatorp, Frösdal und Fröstland in Ångermanland; Frösäng in Ostgötland und Södermannland; Frustuna in Södermannland; Fröstuna in Helsingland; mehrere Fröslunda in Mittelschweden und auf Öland; Fresvold in Hedemarken; Frøstvet in Vestfold; Frösön im Storsjö, Jemtland; Fresvik und Frøsvik an Norwegens Westküste; Frøisli in Ostnorwegen; Frøise oder Frøisin und Freysvin in Gudbrandsdal, Søndmøre und Ringerike; Frøishov (1335: Fræysini) in Ringerike und Østfold; Frøsmose in Fjenneslev Sogn, Dänemark; Fretland, Frøysland

Orts- und Flurnamen die auf Freyr hinweisen

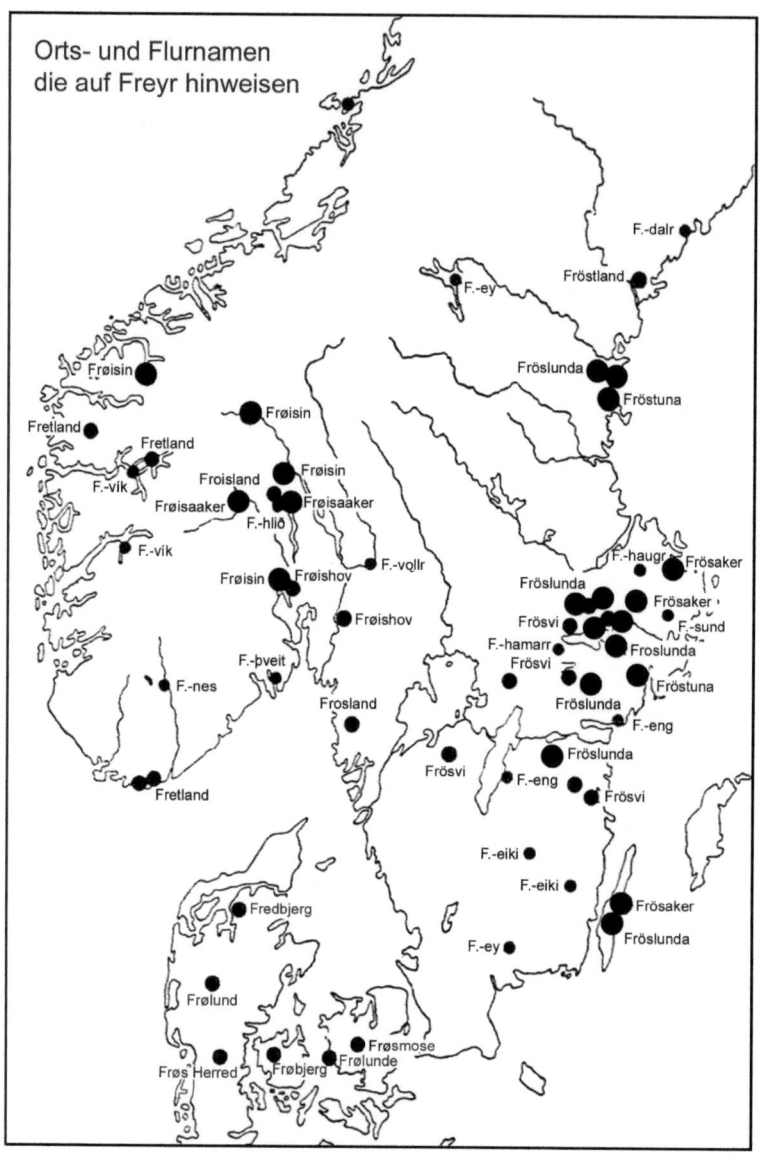

in Sogn, Fjordene und V. Agder; Frøs Herred und Frøslev in Dänemark; Frøisland in Land und Bohuslän; Frøisaaker, Freysakr in Land und Hallingdal; Frös-åkrarna auf Gotland; Freysaker häufig; Frösaker, Freysakr in Uppland und Västmannland; mehrere Frösvi oder Frösve von Småland bis Uppland; Ingarö östlich von Stockholm; Freyshólar und Freysnes im Südosten Islands; Freysnes in Öræfar, Island; zweimal Fréville in der Normandie.

Bei uns war der Name auch in der Form Fro bekannt, und dieser konnte mit andern derartigen Namen zusammenfallen. Der ältere Name Ing oder Ingwaz hingegen kann durchaus auf diesen Gott auch in anderen Regionen hinweisen:

Ingeleben südlich Helmstedt; Ingelfingen in Württemberg; Ober- und Unteringelheim in Rheinhessen; Ingolstadt (Oberbayern); Ingweiler im Unterelsaß; Ingersheim im Oberelsaß; Ingelmünster in Westflandern; Inghe (Enghien) im Flamland; Ingenbohl am Vierwaldstätter See in der Schweiz; Inowraclaw (Ortsteil von Breslau); Ingermanland (Ingrien, Land der Ingern) südlich St. Petersburg; der Fluß Ingulez, rechter Nebenfluß des Dnjepr.

In früheren Zeiten beteten die Menschen bei Sonnenfinsternissen dem Ofen zugewendet und warfen Palmzweige und Brosamen ins Feuer. Offenbar wurde das Ofenfeuer also mit dem Feuer der Sonnengöttin identifiziert. In einem Lustspiel von 1696 heißt es[54]:

»Wir wollen hingehen und vor dem Ofen knien, vielleicht erhören die Götter unser Gebet.«

Heiratslustige Weiber beteten den Ofen an, damit ihnen ein Mann beschert werde. Es gibt Sprüche, die dabei gesagt wurden[55]:

»Aben, Aben [Ofen], ick bä di an,
giff mi enen goden Mann,

de mich nich sleit,
de mich nich kleit,
de alle Abend mit mi to Bedde geijt.«

Junge Mädchen sehen an bestimmten Tagen ins Ofenfeuer, um ihren zukünftigen Mann zu sehen.

Verbreitet ist der Brauch, den ersten ausgefallenen Zahn des Kindes in oder hinter den Ofen zu werfen mit einem Spruch wie[54]:

»Ofenmann, da hast du einen beinernen,
gib du mir einen steinernen (Zahn).«

Den Kindern gab man zum ersten Zahn auch ein Geschenk, ein „Zahngebinde". Der Gott Freyr erhielt die Welt Álfheimr als Zahngebinde (siehe S. 50), was auch auf eine Vorstellung Freys als Kind hinweist. Deswegen hat man auch den Namen des Gottes Lýtir („der Kleine") in dem Hauksþáttr hábrókar sowie die Ortsnamen Lytislunda und Lytisbergh auf Freyr bezogen, zumal Lýtir in Upsala verehrt wurde und auch ein Drachenschiff (Schiff mit Drachenkopf als Gallionsfigur) hatte. Die Überlieferung in dem Hauksþáttr hábrókar lautet[56]:

»Im Sommer ließ König Erik ein Gelage in Upsala veranstalten. Darauf ließ er zwei Wagen zu einer Stätte fahren, wo er dem Gotte Lýtir zu opfern pflegte. Es war Brauch, daß die Wagen die Nacht über standen, bis der Gott am Morgen kam. Aber diesmal kam Lýtir nicht wie sonst, und man meldete dem Könige, daß jener keine Lust zur Fahrt habe. Die beiden Wagen standen so zwei Nächte, ohne daß Lýtir kam. Da veranstaltete der König ein noch viel größeres Opfer denn vorher, und am dritten Morgen ward man gewahr, daß Lýtir gekommen war. Der Wagen war so schwer, daß die Pferde stürzten, ehe sie mit ihm bis zur Halle kamen.

Man brachte nunmehr den Wagen mitten in die Halle, und der König ging mit einem Trinkhorn dorthin, begrüßte Lýtir und sagte, er wolle auf sein Wohl trinken. Seine Fahrt sei diesmal von besonderer Bedeutung. Der König versprach ihm wie früher große Geschenke dafür. Lýtir erklärte, er habe keine große Lust zu der Fahrt. Er sagte, er sei schon einmal dorthin in den Norden gefahren, „ich traf damals ein so großes Trollweib, wie ich seinesgleichen nie begegnet bin. Doch das war damals schon alt. Mich brächte nichts dorthin, wüßte ich, daß es noch lebte. Aber ich denke, es wird jetzt tot sein". Der König meinte das auch. Lýtir sagte, der König habe sich wohl um ihn verdient gemacht, und er versprach die Fahrt.

Man rüstete nun zwei Schiffe für Björn und Salgard aus. Als diese aber aus dem Mälarsee ausfuhren, sahen sie vor sich ein Drachenschiff und auf ihm ein schwarzes Zelt, aber keine Männer waren darauf, die die Taue hielten. Der Drache segelte, wie's gerade kam (...) Nun sahen sie ein Drachenschiff an der Insel liegen, von dem Pfeile herflogen, und durch jeden Pfeil fiel ein Mann (...) Von Lýtir aber ist zu erzählen, daß er zu König Erik zurückkam und sagte, er könne ihm fortan nicht mehr helfen. Er habe allzugroßen Schaden durch das große Trollweib im Norden erlitten.«

Es ist möglich, daß man im Ofenfeuer den Gott Freyr verehrt hatte. Die junge Ehefrau umkreist drei Mal das Herdfeuer im neuen Hause oder blickt in den Ofen, der Bräutigam opfert den Brautkranz am Morgen nach der Hochzeitsnacht im Ofenfeuer; all das sind Bräuche, die auf Freyr weisen, doch gibt es auch den Glauben, daß dieses Feuer Loki symbolisiert. Beim ersten Zahn, den man in den Ofen warf, sagte man in Småland[57]:

>*»Lokke gib mir einen Beinzahn,*
>*Hier hast du einen Goldzahn.«*

Ganz eindeutig ist es also nicht, mit welchen Gottheiten das Herd- oder Ofenfeuer verbunden wurde.

Kapitel 6

Julfest und Eberopfer

In den Skáldskaparmál 51 wird erzählt, wie Loki mit dem Zwerg Brokkur wettet, wer bessere Kleinode schmieden kann. Dort wird die Erschaffung des Ebers Gullinborsti beschrieben[58]:

»Und als sie zu der Schmiede kamen, legte der Zwerg [Eitri] eine Schweinshaut in die Esse und gebot dem Brokkur zu blasen und nicht eher aufzuhören, bis er aus der Esse nähme, was er hineingelegt. Aber sobald er aus der Schmiede gegangen war und blies, setzte sich eine Fliege auf seine Hand und stach ihn. Dennoch hörte er nicht auf mit Blasen bis der Schmied das Werk aus der Esse nahm. Da war es ein Eber mit goldenen Borsten. (...) Dem Freyr gab er den Eber und sagte, er renne durch Luft und Wasser Tag und Nacht, schneller als irgendein Pferd, und nie wäre es so finster in der Nacht oder im Myrkheim, daß es nicht hell genug würde, wohin er auch führe, so leuchteten seine Borsten.«

Der Eber des Gottes ist Vorbild für alle menschlichen Eberopfer. In den nordischen Quellen begegnen wir häufiger den sog. Julgelübden (heitstrenging), die auf den Sühneeber (Sonargǫltr) abgelegt wurden, der dem Gott Freyr später geopfert und gegessen wurde. Schon in der Edda, im Liede Helgaqviða Hjörvarðzsonar (Prosa IV) wird es erwähnt[59]:

»Da fuhr Heðinn auf den Julabend einsam heim aus dem Walde und fand ein Trollweib; sie ritt einen Wolf und hatte Schlangen zu Zäumen und bot dem Heðinn ihre Folge. „Nein", sprach er. Da sprach sie: „Das sollst du mir entgelten bei Bragis-Becher".

*Abends wurden Gelübde verheißen und der Sühneber vorgeführt, auf den die
Männer die Hände legten und bei Bragis-Becher Gelübde taten. Heðinn ver-
maß sich eines Gelübdes auf Sváva, Eylimis Tochter, seines Bruder Helgis Ge-
liebte. Danach gereute es ihn so sehr, daß er fortging auf wilden Stegen südlich
ins Land, wo er seinen Bruder Helgi traf. Helgi sprach:*

> *„Heil dir, Heðinn! was hast du zu sagen*
> *Neuer Mären aus Noreg?*
> *Was führt dich, Friedensstiller, fort aus dem Lande*
> *Und daß du allein kommst mich aufsuchen?"*

> *„Mich traf ein allzugroßes Unheil,*
> *Ich hab erkoren die Königstochter*
> *Deine Braut beim Bragi-Becher".*

> *„Klage dich nicht an! Noch kann sich erfüllen,*
> *Heðinn, unser Älgelübde;*
> *Mich hat ein Friedensstiller entboten zur Insel,*
> *In drei Nächten muß ich dorthin kommen;*
> *Ich werde wohl nicht wiederkehren:*
> *So geschieht es zum Guten,*
> *wenn das Schicksal will. "«*

Helgi fällt dann im Kampfe und bittet Sváva in seinen letzten Wor-
ten, den Bruder zum Manne zu nehmen, wie das bei den Germanen allgemein Brauch war.

Man sieht an dieser Stelle, wie wichtig die Einhaltung der Julgelübde war, und wie verwegen oft im Rausche des Festes gelobt wurde.
Der Sühneber heißt Sonargǫltr („Zuchteber, Herdeneber, Sühneeber") und nach diesem Brauche hieß das ganze Julfest auch „Sonarblót" („Eberopfer, Sühneopfer") (germ. *swōnō = Sühne, Opfer).

Auch in der Hervarar Saga gelobt ein Mann, sich eine bestimmte Frau zu nehmen[60]:

»Am Vorabend eines Julfestes im Bólm legte Angantýr bei einem feierlichen Gelage ein Gelübde ab wie es Sitte war: daß er die Tochter des Königs Yngvi von Upsala, Ingibjǫrg, jenes Mädchen, das im nordischen Sprachgebiet am schönsten und klügsten war, zur Frau bekommen, sonst aber fallen und keine andre Frau haben wolle.«

Hier liest sich die Formulierung wie ein Wunsch, nicht wie eine Tat, die unbedingt ausgeführt werden muß. Somit war Angantýr schon etwas schlauer und hätte das Gelübde nicht gebrochen, wenn es ihm nicht gelingen würde, Ingibjǫrg zu bekommen.

Ein ähnliches Gelübde finden wir in der Flóamanna saga 2, wobei das Julfest und der Eber nicht erwähnt werden, aber es ist die Winterzeit und wir können sicher annehmen, daß es Julgelübde sind[61]:

»Nun kamen die Brüder zum Gelage, und man wies den Männern die Sitze an. Bein Mahle schenkte Helga das Bier. Sie war die schönste und feinste der Frauen.
Es heißt nun, Hersteinn habe Helga oft freundlich angesehen, und auf diesem Gelage tat er den Schwur, sie wolle er zur Frau haben oder kein anderes Weib je. „Ich habe nun“, fuhr er fort, „die Reihe der Gelübde eröffnet. Jetzt, Ingólfr, bist du dran“. Ingólf erwiderte: „Zuerst rede jetzt Hallsteinn. Er ist der klügste von uns und unser Meister in allem“. Hallsteinn sagte: „Dann tu' ich das Gelübde: Nie werd' ich das Recht beugen, ist mir ein Urteil anvertraut, sollt' ich auch anderwärts verpflichtet sein“. Hersteinn sagte: „Dein Gelübde ist nicht in dem Maße klar wie die Tatsache, daß du als Klügster unter uns giltst. Wie wirst du verfahren, wenn es sich um deine Freunde oder deine Feinde handelt?“ Hallsteinn erwiderte: „Das, denk' ich, mach' ich allein mit mir ab“. „Diesen Schwur tu' ich“, sagte Ingólfr, „mit keinem mein Erbe zu teilen denn mit Leifr“. „Das verstehen wir nicht“, sagte Hersteinn. Hallsteinn sagte:

„Das ist doch leicht zu begreifen: dem Leifr denkt er seine Schwester Helga zur Frau zu geben". Leifr tat das Gelübde, kein schlechterer Mann denn sein Vater zu werden"...«

Ärger ist hier vorprogrammiert, denn Hersteinn gelobt, Helga zu heiraten oder keine; Ingólfr aber will Helga dem Leifr geben.

Man fragt sich, warum sich einige der Gelübde auf die Gewinnung erwählter oder begehrter Frauen bezogen haben, die oft schon anderweitig gebunden oder versprochen waren. Das hängt sicher damit zusammen, daß der Gott Freyr der Gott der Liebe ist, dazu der Gott der Fruchtbarkeit, der oft auf Hochzeiten angerufen wurde. Der schwedische Hochzeitstanz „Stabbdans" wurde auf einen alten Ritus im Freyskult zurückgeführt. Freyr ist der Förderer und Segner glücklicher Ehen. Somit sind solche Gelübde passend und zeigen uns, daß man bei den Julgelübden durchaus die Bedeutung und Zuständigkeit des Gottes Freyr berücksichtigte.

In der Hervarar saga (Kap. 8) findet sich der Brauch der Julgelübde etwas ausführlicher beschrieben[62]:

»König Heiðrek ließ einen mächtigen Eber aufziehen; der war so groß wie die größten ausgewachsenen Stiere und so schön, daß jedes Haar aus Gold zu sein schien. Der König legt dem Eber eine Hand auf den Kopf und die andere auf die Borsten, und er schwört, daß ihm niemals ein Mann so großes Unrecht getan habe, daß er nicht ein gerechtes Urteil von seinen Beratern bekommen könne – jenen zwölf, die sich des Ebers annehmen sollten, – oder er solle ihm sonst solche Rätsel aufgeben, die er nicht erraten könne.«

Von Freyr wird hier nichts gesagt, aber immerhin erfahren wir, daß man beide Hände auflegte und schwor. Der zur Bekräftigung des gesprochenen Wortes getrunkene Bragi-Becher (Bragarfull), gemeint ist ein auf Bragi geweihtes Horn, wird hier nicht erwähnt. Der König will also gerecht sein und damit auch eine Herrschaft im Sinne der Götter führen.

Im Kapitel 10 der Handschrift H dieser Saga wird Freyr erwähnt, und es wird etwas anders geschildert[63]:

»König Heiðrek opferte dem Freyr; den Eber, der ihm am besten gedieh, sollte er Freyr geben; sie nannten ihn so heilig, daß sie in allen wichtigen Rechtsangelegenheiten über seine Borsten schwören sollten, und diesen Eber sollten sie beim Sonarblót darbringen. Am Vorabend des Julfestes sollte der Opfereber in die Halle vor den König geführt werden, und die Männer legten die Hände auf seine Borsten und legten Gelübde ab. König Heiðrek gelobte, daß kein Mann sich so sehr gegen ihn vergangen habe, daß er keine andere Wahl haben sollte, als das Urteil seiner Ratgeber zu erhalten, wenn er in seine Gewalt käme; er solle auch unter Schutz von ihm stehen, wenn er Rätsel vorbrächte, die der König nicht lösen könne.«

Und so steht es im 14. Kapitel der Handschrift U dieser Saga[64]:

»König Heiðrek opferte dem Freyr und verehrte ihn am meisten von allen seinen Göttern. Es war Brauch, daß man den Eber nahm, der am besten gedieh und den sollte man aufziehen; den sollte man Freyr für eine Verbesserung des Ernteertrages geben zu Beginn des Monats, der Februarius heißt; dann sollte man Opfer darbringen für das Wohlergehen. Der König sagt, daß dieser Eber so heilig sei, daß man auf Grund dieses Opfers über alle wichtigen Dinge entscheiden könne. Am Vorabend des Julfestes sollte dieser Opfereber vor den König geführt werden; Männer legten ihm die Hände auf die Borsten und legten dabei Gelübde ab.«

Der Termin des Julfestes im Februar scheint eine Verwechselung zu sein, denn im Februar fand ein anderes Fest statt, das dem Freyr geweiht war, das Frøblót-Dísablót. Die Nennung des Julfestes zeigt, daß der Sagaschreiber hier mit den beiden Festterminen durcheinandergekommen ist.

Interessant ist aber auch, daß die Männer Eide (keine Julgelübde) auch zu andern Zeiten auf den Eber schworen; der Eber ist Symbol der Anwesenheit der Gottheit, des Gottes Yngvi-Freyr, und auf dieses Symbol wurden hier auch Rechtseide geschworen. Da jedes Jahr ein anderer Eber geopfert wurde, konnten diese Eide auf den Eber nur immer in dem Jahr geleistet werden, das vor dem Julfest lag.

In der Ilias des Homer heißt es, daß Agamemnon für ein Eidopfer einen Eber schlachtet, dem Tier einige Haare abschneidet, die er beim Gebet in der erhobenen Hand hält[65]:

»*Talthybios dann, Unsterblichen ähnlich an Stimme,*
Trat zum Hirten des Volks, und hielt in den Händen den Eber.
Atreus Sohn, ausziehend mit hurtigen Händen das Messer,
Das an der großen Scheide des Schwerts ihm immer herabhing,
Schor von des Ebers Haupte das Erstlingshaar, und erhub dann
Betend die Hände zu Zeus; rings saßen indes die Archaier
Still daselbst, nach der Sitte, des Königs Wort zu vernehmen.
Flehend nunmehr begann er, den Blick gen Himmel gewendet:
Höre zuerst nun Zeus, der Selgen höchster und bester,
Erd' und Helios auch, und Erinnyen, unter der Erde,
Die ihr Tote bestraft, wer hier Meineide geschworen!
Niemals hab ich die Hand an Brises Tochter geleget,
Weder des Lagers Genuß abnötigend, weder ein Andres:
Sondern sie blieb unberührt in den Wohnungen meines Gezeltes!
Schwör' ich einiges falsch, dann senden mir Elend die Götter,
Ohne Maß, wie sie senden dem frevelnden Schwörer des Meineids!
Sprach's, und des Ebers Kehle zerschnitt er mit grausamen Erze;

Abb. 9: Wandbild aus Pompeji mit Darstellung eines Eberopfers.

Welchen Talthybios drauf in des Meers grauwogende Schwellung
Wirbelnd den Fischen zum Fraß hinschleuderte.«

Auch hier wird der Schwur auf den Eber gehalten, dieser aber wird im Meer geopfert, und die Wintersonnenwende ist es auch nicht. Interessant ist für uns, daß es in der Mysterienvilla von Pompeji ein Fresco gibt, auf dem zu sehen ist, wie ein Mann ein Schwein opfert, um von seiner Impotenz geheilt zu werden (siehe Abb. 9).

In der nach 1230 entstandenen Ynglinga Saga wird vom König Dag Rat bei einem Eber-Opfer eingeholt, welches nicht ein Julfestopfer gewesen sein muß[66]:

»König Dag ward unmutig, daß sein Sperling nicht wiederkam. Er ging zum Eber-Opfer [sonarblót] um Auskunft und erhielt dort die Antwort, daß der Sperling in Vörvi getötet sei.«

Freyr ist ein Gott des Friedens, und das Recht ist dazu gedacht, Frieden zwischen zwei Parteien zu erzeugen, indem derjenige, der unrecht handelte, bestraft wird.

Auch in weiteren Sagas werden die Julgelübde erwähnt, z. B. in der Harðar saga Grímkelssonar 14[67]:

»Es ging nun weiter bis zum Julfest, und als die Leute am ersten Julabend auf ihren Plätzen saßen, stand Hroar auf und sagte: „Hier betret ich den Tritt und tue den Schwur, daß ich vor nächstem Julfest den Hügel des Vikings Soti erbrochen haben will". Der Jarl sagte: „ein großer Schwur! und allein wirst du es nicht zuwege bringen; denn Soti war schon im Leben ein schlimmer Zauberer, und seitdem er starb ist er noch einmal so schlimm". Da stand Hörd auf und sagte: „Wäre es nicht recht, deinem Beispiel zu folgen? Ich tue den Schwur, dich in Sotis Hügel zu begleiten und nicht eher herauszukommen als du".«

Es geht dann weiter, daß auch Geir den Schwur tat und man gemeinsam zu dieser Fahrt ging. Man wollte also einen Grabhügel aufbrechen und den Geist des Zauberers irgendwie bannen. In dieser Saga ist von keinem Eber die Rede, sondern einem „Tritt" oder „Pfosten". Vermutlich wurde dort kein Eber geopfert oder stand keiner zur Verfügung, so daß man ersatzweise einen Block oder ähnliches (vielleicht mit Schweinehaut überzogen oder in Schweinegestalt geschnitzt) nahm.

In der Hœnsa-Þoris saga sind es Gelübde zu einer Hochzeit (Freys Zuständigkeit), und es ist ein Stein, auf den man treten mußte, um ein Gelübde abzulegen[68]:

»Sobald aber die Tische aufgepflanzt und alle Leute an ihren Sitz gekommen waren, sprang Hersteinn, der Bräutigam, hervor über den Tisch und schritt auf einen Steinblock zu. Er stieg mit dem einen Fuße auf den Stein und sprach: „Dieses Gelübde lege ich ab", sagte er, „eh das Alþing aus ist diesen Sommer, will ich den Goðen Arngrimr in volle Acht getan haben – oder dann das Selbsturteil!" Darauf stieg er an seinen Platz zurück.«

Weitere Erwähnungen von Gelübden finden sich Svarfdœla saga 19, wo es Gelübde auf einer Hochzeit sind, im Flateyjarbók I, 29 und der Sturlaugssaga starfsama (Fas III, 633).

Bei den Julgelübden war es früher so, daß der geschmückte Juleber hereingeführt wurde; dazu wurde ein festliches Lied gesungen. So ein Lied ist uns aus England erhalten, wo es in Oxford in der großen Halle der Universität gesungen wurde, als ein zubereiteter Eberkopf hereingetragen wurde, Strophe 1 lautet im Original[69]:

»Caput afri differo. Reddens 'laudes' Domino.
The bores heed in hand bring I,

with garlans gay and rosemary,
I pray you all synge merely,
Qui estis in convivio.«

Übersetzung des ganzen Liedes:

>*»(Alle:) Bringt den Eberkopf herbei,*
>*und singt lautes Lob dem Frey.*
>*(Einer:) Den Eberkopf trag' ich herein,*
>*bedeckt mit Laub und Rosmarein.*
>*Ich bitt' euch all stimmt fröhlich ein,*
>*die hier beim Mahl versammelt sein.*
>
>*(Alle:) Bringt den Eberkopf herbei …*
>*(Einer:) Der Eberkopf, wie ich's verstand*
>*er ist der beste Schmaus im Land*
>*seht zu wo immer man ihn fand*
>*so tragt ihn auf mit froh' Gesang.*
>
>*(Alle:) Bringt den Eberkopf herbei …*
>*(Einer: Seid froh, ihr Herrn und singt und lacht*
>*der Haushofmeister hat gebracht*
>*das ihr euch freut der Weihenacht*
>*im Königssaale voller Pracht.*
>*(Alle:) Bringt den Eberkopf herbei …«*

Die Melodie findet sich in meinem Buche „Lieder der Vorzeit"
(2013).

Nachdem der Eber hereingeführt wurde, traten alle nacheinander
einzeln heran, in der jeweils bestehenden Hierarchie, legten ihre
Hände auf Kopf und Rücken des Ebers und sprachen das Gelübde.

Dann wurde der Bragibecher getrunken, zur Bekräftigung des Wortes, denn Bragi ist Gott der Dichter und des gesprochenen Wortes. Diese Gelübde, so verwegen sie waren, mußten unbedingt eingehalten werden, und kostete es das Leben. So mancher Vikinger bereute am nächsten Tage sein Gelübde und mußte es bei Gefahr für das eigene Leben dennoch unbedingt einhalten.

Der Eber wurde geschlachtet, und seine Seele trug die Gelübde zu den Göttern, also vor allem zu Yngvi-Freyr, dem der Eber ja geweiht ist. Das Fleisch wurde gekocht (nicht gebraten) und als Opferspeise gegessen.

Das „goldene Ferkel", welches nach thüringischem Volksglauben dem zu Gesichte kommt, der sich am Weihnachtstag der Speise bis zum Abend enthält, bezeugt den Kult des Freys-Ebers auch für unser Land. In den Tiroler Sagen wird erzählt von einem „foirigö Fack", oberhalb Meran im Lorchtale, einem riesengroßen, über und über von Feuer leuchtendem Schwein, das aus dem aufgeblasenem Rüssel Ströme von Funken ausbläst, den Rachen ellenhoch aufsperrt, und einen Schweif hat so groß und dick, wie eine alte, um sich herumgewachsene Legföhre oder Krummholzkiefer[70]. In einer anderen Sage[71] wird dieses Schwein durch Matthias Zöggeler genauer beschrieben:

»Vor etwa 30 Jahren ging ich durch das Vöraner Larchtal; es war schon Abend und die Nacht brach herein. Ich trug mein Schießgewehr, eine Vogelflinte, über der Schulter und ging furchtlos meines Weges, denn ich war damals schon wohlbestellter Diener löblicher Polizei, oder eigentlich die Polizei selbst und in corpore, denn es war niemand im Orte, der mir befahl. Als ich zur Unterweger Götsch hineinkam in einen sumpfigen schauerlichen Ort, da wurde auf einmal alles licht, und wie der Blitz fuhr gegen mich eine feurige Gestalt wie ein Fack (Schwein), das den Rüssel aufgesperrt hatte; da ich sah, daß es ohne wei-

teres nach mir ging, griff ich nach dem Schießgewehr, aber im Schrecken und von der ungemeinen Schnelligkeit verhindert, sah ich nur noch einen Schweif nachziehen in Form von einem Fichtenbaum. Wie ich dann so dastand, die Flinte in den Händen und schlotternd, da hörte ich bald darauf einen Tusch (Knall und Sausen von Wind) und wie mir schien, in dem sogenannten „Wendl Joch" ob Pauls (St. Paul am rechten Etschufer).«

Abb. 10: Freyr auf dem Kirchenportal von Großen-Linden bei Gießen.

Auf dem romanischen Portal der Kirche von Großen-Linden bei Gießen (1230) zeigt eine Figur fast genau über der Mitte des Portales den Gott Freyr mit Phallus und den Eber (siehe Abb. 10 mit Ausschnittvergrößerung des Freys-Bildes). Die Bilder sind doppeldeutig und beziehen sich zugleich auch auf Heiligenlegenden.

An der Kirche zu Belsen in Schwaben sieht man einen Mann, von Sonnenbildern und Tierhäuptern umgeben, mutmaßlich auch Freyr.

84

Zu Weihnachten versuchen Mädchen in Mecklenburg, etwas über ihren zukünftigen Ehemann zu erfahren. Dazu zieht sich das Mädchen aus, reitet auf einen Besenstiel zum Schweinestall und klopft von außen an die Tür. Grunzt dann zuerst ein altes Schwein, wird sie einen alten Mann oder einen Witwer als Bräutigam bekommen, bei einem jungen Schwein einen jungen Bräutigam. Antwortet keines, bekommt sie im folgenden Jahr noch keinen Mann. Hier geben die Schweine an Stelle des Julebers die Antwort des Gottes zu den Fragen über künftige Hochzeit.

Altheiden unserer Tage schlachten heute keine Eber mehr; das ist sowieso ohne die entsprechende Schlachter-Ausbildung verboten, aber wir führen diesen Brauch dennoch weiterhin durch. Hierbei bietet es sich an, die Weiterentwicklungen des Brauches zu betrachten. Dr. Wilhelm Wägner führt so eine Weiterentwicklung an[72]:

»Ein schöner Gebrauch in einigen Bezirken von Ostgotland in Schweden erinnert noch an die Gelübde auf den Sühneber. Daselbst versammelt sich nämlich am Weihnachtsabende die ganze Familie in jedem Bauernhause. Alsdann wird ein mit Schweinshaut überzogener Block auf den Tisch gebracht, und der Hausvater gelobt, die Finger darauf legend, ein treuer Verwalter, Gatte, Vater und Herr zu sein. Nach ihm tun Hausfrau, Kinder und Gesinde in gleicher Weise das Gelöbnis treuer Pflichterfüllung.«

Ein altes germanisches Opferritual ist hier also zu einem durchaus sinnvollen symbolischen Brauch geworden. Jan De Vries erwähnt noch (§ 259), daß noch heute die „schweineförmigen Julgebäcke" an das alte Eberopfer erinnern.

Man nennt das Gebäck Julgalt (Julschwein) oder Julgris (siehe Figur); es ist ein Schwein mit gezacktem Kamm oder eine S-förmige Schnecke. In Estland und auf Ösel wird von der Bäuerin aus feinem Mehl ein 30 cm langes Gebäck mit Nase, Mund und Ohren, ein Schwein darstellend, gebacken. Darauf macht sie mit Kreide einen Ring mit Kreuz, und dieses Gebäck bleibt während der Festzeit als Opfergabe unberührt auf dem Tisch.

Auf ein gewöhnliches Schweinegericht, was heute noch vielerorts üblich ist, legte man allerdings dann keine Gelübde mehr ab. Bei uns kennen wir aber noch die guten Vorsätze zu Neujahr als Weiterentwicklung der Julgelübde, und in der Neujahrsnacht spielt ja auch das „Glücksschwein" (aus Marzipan) eine Rolle. Selbst unsere Sparschweine verdanken ihre Existenz dem heiligen Eber des Gottes Freyr; als Reichtumsgott soll Sein Tier dem Sparer gleichfalls Reichtum bringen.

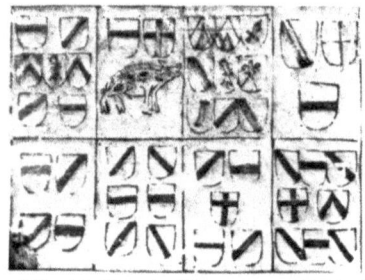

Und seit 1500 ist auf dem Schilten-Daus (entsprach damals dem Rot- oder Herz-Daus) auf Schweizer Spielkarten das Glücksschwein dargestellt (siehe Abb. 11). Auch die andern Däuser (ab 1550) hatten Schweine und wurden auch so genannt: „Sauen" („Dausch").

Abb. 11: Baseler Karten von 1500.

Auf den deutschen Spielkarten findet sich das Schwein des Gottes in der Regel auf dem Schellen-Daus, der Farbe des Reichtums, die den Münzen im Tarock oder den Edelsteinen (Careau, Karo) in den französischen Kartenspielen entsprechen (siehe Abb. 12). Beide Farben passen also zu Freyr.

Abb. 12: Schellen-Daus des Salzburger (links) und bayerischen Einfachbildes.

Die Gelübde zum Julfest sind vermutlich deswegen entstanden, weil man in dieser Winterszeit nicht viel hatte, was man hätte opfern können. Da noch nichts wuchs und Vorräte zu Ende gingen, blieb nur das Schlachten. Dies wertete man durch ein feierliches Versprechen auf, das dann als Opfergabe galt. Diese Gelübde entsprechen den Opferbitten anderer Feste. Nachdem der Einzelne sein Gelübde getan hatte, wird das Bragi geweihte Horn gereicht und davon ein wenig getrunken. Die Gelübde, die laut geäußert werden, sind dabei natürlich bedeutender als still geäußerte, denn man bekennt sich offen vor allen Festteilnehmern dazu, steht dabei auch unter deren Kontrolle, da sie sich daran erinnern können und dann sehen, ob der Betreffende das Gelübde auch eingehalten hat.

Die Gelübde mußten und müssen unbedingt erfüllt werden, sonst verärgert man den Gott Freyr und verliert Ehre, da man sein Wort – im Angesicht der Götter gegeben – nicht einhält. Es kommt daher darauf an, die Gelübde so zu formulieren, daß man sie einhalten kann. Z. B. wird man tunlichst nicht geloben, mit dem Laster des Rauchens völlig aufzuhören – das kann man dann vielleicht nicht einhalten. Stattdessen gelobt man, sich zu bemühen, weniger als bisher zu Rauchen.

Man erhofft sich als Gegenleistung für das Julgelübde den Beistand des Gottes Freyr. Je schwerer das Gelübde einzuhalten ist, desto wertvoller ist es, und desto mehr Beistand von Freyr wird man dafür erhalten. Den Zorn des Gottes bekommt man zu spüren, wenn man das Gelübde nicht einhält. Gerade weil die Gelübde laut aufgesagt wurden und der Gelobende dafür auch Bewunderung von anderen bekam, war es ganz schlimm und isolierte so einen Menschen als „Angeber" und als jemanden, der viel verspricht und sein eigenes Wort dann nicht hält. Das war sehr unehrenhaft.

Noch in späterer Zeit war das Julschwein im Norden das wichtigste Opfertier dieses Festes, ein Eber, den man zu Ehren des Gottes Freyr schlachtete. In Norwegen wurde das Julschwein über die offene Feuerstelle im Hause gehängt. Aus seinen Eingeweiden las man dann, was das neue Jahr bringen würde.

Die übliche Julspeise ist noch immer Schweinefleisch, eine Erinnerung an Freys Eber. In Schweden heißt dieser Eber „Gloso" („glänzende Sau").

Brot in Eberform ist ebenfalls eine beliebte nordische Julspeise; diese Brot heißt nach seiner Form „Julgalt". Heute ist es jedoch meist Brot ohne eine besondere Form.

Kapitel 7

Freysumzug

Der Gott Freyr wurde auch durch regelmäßige kultische Umzüge verehrt. Die Strophe zum angelsächsischen Runenlied, in der von „Ings Wagen" und Fahrt übers Meer die Rede war, hatte ich schon auf Seite 26 zitiert. Ein seltenes, ausführliches Zeugnis für so einen Freysumzug findet sich im Ögmundar Þáttr dytts ok Gunnars helmings[73]:

»Dort in Schweden fanden in jener Zeit große Opferfeste statt. Seit alters hatte man dort besonders dem Freyr geopfert, und dessen Bild war so verzaubert, daß der Teufel [gemeint: Gott] es wagen konnte aus dem Götzenbilde zum Volke zu sprechen. Man hatte aber dem Freyr ein junges Weib von schönem Aussehen zum Dienste gegeben. Es war der Glaube bei dem Volke jenes Landes, daß Freyr noch lebe, wie das aus einigen Anzeichen hervorginge. Sie dachten, er müsse notwendig Verkehr mit seinem Weibe haben. Jene Jungfrau hatte mit Freyr zusammen die ganze Verwaltung des Tempels und des Tempeldienstes in der Hand. Gunnar Helming tauchte also endlich dort auf und bat Freys Weib, sich seiner anzunehmen. Er frug, ob sie ihn dort bleiben lassen wolle. Sie musterte ihn und frug, wer er wäre. Er erklärte, er sei ein armer Wandersmann aus der Fremde. Sie sagte: „Du kannst kein besonderer Glücksmann sein, denn Freyr sieht nicht mit freundlichen Augen auf dich. Bleib zunächst drei Nächte hier. Wir wollen dann sehen, wie Freyr über dich denkt". Gunnar erwiederte: „Mich dünkt, deine Hilfe und Huld nützt mir mehr denn Freys". Gunnar war ein vergnüglicher Mann und verstand sich auf allerlei Kurzweil.

Und als die drei Nächte um waren frug Gunnar das Weib, wie es nun um sein weiteres Verbleiben dort stünde. „Das kann ich noch nicht genau sagen", erwiederte sie, „du bist ein armer Schlucker, wenn du auch von guter Herkunft scheinst, und von meiner Seite her würde ich dir gern weiter beistehen. Aber Freyr mag nichts von dir wissen, und ich fürchte dessen Zorn. Doch verweile hier noch einen halben Monat, und sehen wir dann, was daraus wird". Gunnar sagte: „Es kommt just so, wie ichs mir wünschte. Freyr haßt mich und du hilfst mir. Jenen aber halte ich für einen gar üblen Teufel". Gunnar gefiel dem Volke immer besser, je länger er sich dort aufhielt, wegen seiner witzigen Unterhaltung und anderer Vorzüge. Wieder besprach er sich mit Freys Weibe und frug, wie seine Zukunft dort sich weiter gestalten solle. Sie antwortete: „Die Leute haben dich gern. Es ist wohl gut, du bleibst hier noch den Winter über und begleitest Freyr und mich zum Opferschmaus, wenn er auszieht, gute Jahre [árs] über das Volk heraufzuführen. Freyr aber will noch immer nichts von dir wissen". Gunnar dankte ihr sehr. Die Zeit verging nun, und dann brachen sie zu dem Zuge durch das Land auf. Freyr und sein Weib saßen auf einem Wagen, und die Tempeldiener schritten vor ihnen her. Sie mußten über eine hohe Bergstraße ziehen. Da überfiel sie ein arger Schneesturm, und der Weg ward gar beschwerlich. Gunnar hatte den Wagen zu führen und den Zaum zu halten. Schließlich aber kam es soweit, daß alle die andern von ihnen abkamen und Gunnar mit Freyr und dem Weibe auf dessen Wagen allein zurückblieb. Da hatte es Gunnar satt, immer den Wagen zu leiten. Eine Weile ging er noch vorwärts, dann aber gab er die Führung des Wagens auf und setzte sich auf diesen nieder. Die Zugtiere aber ließ er gehen, wies gerade kam. Kurze Zeit darauf sprach das Weib zu Gunnar: „Auf, nimm den Zaum wieder und lenke die Rosse oder Freyr wird jetzt wider dich vorgehen". Gunnar tat es auch eine Weile. Da er es aber bald wieder völlig überdrüssig war, sagte er: „So werd ich es denn wagen mich wider Freyr zu erheben, wenn er wider mich vorgeht". Da stieg Freyr vom Wagen und sie begannen miteinander zu ringen. Gunnar aber verließen bald die Kräfte. Er sah, er würde so nicht zu Rande kommen. Da gelobte er sich im Innern, wenn er die Oberhand über den Teufel gewönne und es ihm vergönnt würde, wieder nach Norwegen zu kom-

men, dann wollte er zum Christentum zurück und sich mit König Olaf aussöhnen. Falls dieser ihn wieder in Gnaden aufnähme. Sobald er aber diese Gedanken hegte, begann Freyr zu straucheln, und schließlich fiel er zu Boden. Der Teufel war aus dem Götzenbild entwichen, in dem er sich geborgen hatte, und es blieb nur noch ein nichtiger Baumklotz übrig. Den brach Gunnar in Stücken. Darauf stellte er das Weib vor die Entscheidung: Entweder wolle er sie verlassen und für sich allein sorgen oder sie solle, wenn sie wieder in bewohnte Gegenden kämen, erklären, daß er Freyr sei. Sie sagte, viel lieber wolle sie das letztere tun. Da zog Gunnar die Gewänder des Götzenbildes an, und das Wetter begann sich jetzt aufzuheitern. Schließlich kamen sie zu dem Opfermahl, das für sie gerüstet war. Da trafen sie eine Menge von den Leuten schon an, die sie hatten geleiten sollen. Das Volk sah ein großes Wunder darin, daß Freyr sich so mächtig erwies. Er hatte ja in solchem Unwetter mit seinem Weibe die menschlichen Wohnsitze erreicht, während alle Welt vor jenem geflüchtet war. Und nun ging er sogar und aß und trank wie alle andern Menschen. So zogen beide den Winter hindurch von Opfermahl zu Opfermahl.«

Was können wir diesem Text entnehmen? Es gab ein Freys-Heiligtum, welches von einer Frau betreut wurde, die offenbar als Gemahlin Freys galt, die also mit diesem Götterbild geschlechtlichen Verkehr hatte. Hier ähnelt Freyr sehr dem römischen Gott Priapos. Die Abb. 13 zeigt die Nachzeichnung aus dem 17. Jh. einer antiken Priapos-Gravur. Die Menschen gingen davon aus, daß Freyr lebendig wäre; aus dem Altertum haben wir einige Berichte von lebendig gewordenen Götterbildern, was auf besonders starke Orendakraft, die durch die Opfer aufgebaut wurde, zurückzuführen ist. Aber so lebendig, wie ein lebender Mensch wurde das Götterbild nicht, wie der Text auch sagt; denn erst als Gunnar sich als Gott verkleidete, ist er so lebendig, wie die Menschen es bisher nicht kannten.

Wir erfahren dann vom Umzug des Götterbildes in einem Wagen durch die Lande. Vorne gehen Tempeldiener, dann kommt Gunnar, der das Pferd des Wagens Freys führt. Freys Weib saß mit auf dem Wagen. Die Jahreszeit ist wohl Winter oder Vorfrühling, es finden noch Schneestürme statt. Das Opfer für Erntebesserung („til árs") fand zu Winternacht etwa im November und zu Mittwinter statt, aber wohl auch zu Fasnacht, dem alten Frøblót-Dísablót. Der Text beweist auch, daß Freys Weib mit der Gottheit kommunizieren konnte und wußte, was Freyr will, während Gunnar Freyr nicht hören kann. Natürlich können wir davon ausgehen, daß sie lieber mit Gunnar zusammen sein wollte, daß sie also ihr Verhältnis zu Freyr beenden würde. Dennoch hat sie die Weisungen Freys nicht falsch (im eigenen Sinne) umgeändert.

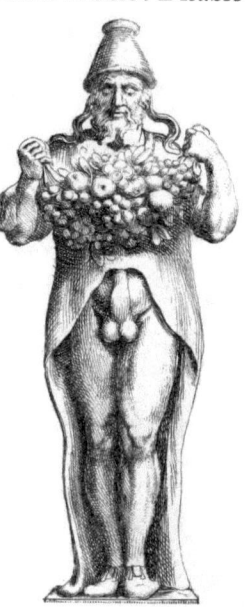

Ein lebendes Götterbild hat natürlich nicht soviel Kraft, wie ein lebender Mensch und Kämpfer, daher konnte Gunnar siegen und das Bild zertrümmern, so daß die Gottheit aus ihm weichen mußte. Nun setzt sich Gunnar an Freys Stelle mit denselben Gewändern beklei- *Abb. 13: Priapos.* det. Das Götterbild muß also etwa die Größe Gunnars gehabt haben und war auch bekleidet. Und natürlich kann ein christlicher Sagaüberlieferer so einen Bericht nicht einfach unkommentiert stehenlassen, natürlich muß „Gott" dem Gunnar geholfen haben und er gelobt dafür, Christ zu werden. Sicher ein Zusatz der nicht zum ursprünglichen Bericht gehörte.

Es ist auch möglich, daß Gunnar von Anfang an als Darsteller des Gottes wirkte, daß es gar keinen Kampf gab; es fällt auf, daß Gunnar den Leuten zwar bekannt war, aber sie ihn dann als Freyr verkleidet nicht mehr erkannten oder den dann fehlenden Gunnar vermißten. Möglicherweise gab es da also einen maskierten Darsteller.

Aber das kann man nur vermuten. Interessant auch, daß es große Opfermahle nach und während des Umzuges gab.

Auch wenn ein Götterbild nicht lebendig war, konnte es die Anwesenheit der Gottheit bedeuten. Die Brüder Helgi und Grím hatten Freyr verachtet. Sie waren bei schrecklichem Schneewetter an das Opferhaus ihres Pflegevaters gekommen, einem runden, von heiligen Schnüren umgebenen Bau. Mit dem Schwerte hatten sie die Türe erbrochen. Sie sahen darin auf dem Hochsitz Þórr und Freyr, gegenüber Frigg und Freyja und auf den Bänken die übrigen Ásen. Voll jugendlichen Übermutes rief Helgi: „Könnt ihr uns nicht von dem Unwetter befreien, so wollen wir euch auch nicht mehr achten". Darauf warf er die Bilder von ihren Sitzen, zog ihnen die kostbaren Gewänder ab und verließ mit seinem Bruder das Haus. Er blieb noch in demselben Jahre bei einem mörderischen Überfall auf der Walstatt, und Grím erlag nach Jahresfrist im Holmgang.

Umzüge, wo ein Mensch ein Götterbild trägt, sind schon auf bronzezeitlichen schwedischen Felsbildern zu sehen

Ich vermute, daß im Ögmundar Þáttr dytts ok Gunnars helmings ein Geistwesen im Dienste des Gottes Freyr – in dem Þáttr als „Teufel" bezeichnet – in das Freysbildnis gegangen war und durch das Bildnis gesprochen hatte. Noch heute gehört es zum hinduistischem Ritual, Götterbilder zu waschen, zu kleiden und mit Milch zu übergießen oder Speisen vor sie zu stellen, um so zu erreichen, daß eine spirituelle Wesenheit der höheren Welten in die Figur hineingeht. Um zu verhindern, daß böse Dämonen in so eine Figur gehen, müssen die kultischen Reinheitsgesetze eingehalten werden.

Daß das Freysbild hier ein Weib hatte, erinnert an kultische Tempelprostitution. Angedeutet wird so etwas beim dänischen Chronisten Saxo grammaticus, wobei die Namen (König Frö und Lathgertha) auf Freyr und Gerðr deuten.

Der schwedische König Frö erschlägt den norwegischen König und weist die Frauen der Hofleute in ein Hurenhaus. Schon Jan De Vries hat dies als eine ursprüngliche kultische Tempelprostitution im Dienste des Fruchtbarkeits- und Liebesgottes Freyr gedeutet. Regner (Ragnar Loðbrók) kommt nun, um seinen Großvater, den norwegischen König, zu rächen, und viele Frauen schließen sich ihm an, um nicht als Huren entehrt zu werden. Eine davon ist Lathgertha (Lað-Gerðr). Der Namensteil „Lað" bedeutet „Land, Bodenbesitz". Sie wird bei Saxo so beschrieben[74]:

»Unter diesen war auch Lathgertha, eine kriegserfahrene Frau, die mit männlichem Mute in der jungfräulichen Brust, mit ihrem auf die Schultern fallenden Haare voran unter den tüchtigsten Streitern kämpfte. Alle bewunderten ihre unvergleichliche Kampfeshilfe«.

Regner wollte sie nun heiraten, und sie stimmte zum Scheine zu. In ihrem Palast aber ließ sie zur Wache gegen Regner einen Bären mit einem Hunde zusammen anbinden. Regner aber tötet die Tiere und gewinnt so die Lathgertha. Zusammen bekommen sie zwei Töchter und den Sohn Fridlewus (Friðleifr).

In dieser Mythenfassung stimmen nur noch der Bezug zu Freyr und die schwierige Brautgewinnung zum Mythos, wie er in der Edda enthalten ist.

Durch viele skandinavische Felsbilder der Broncezeit wissen wir, daß es auch bei den Germanen die sog. „Heilige Hochzeit" (griechisch „hierós gámos") gegeben hatte. Es ist die Verbindung zwischen Himmels- und Sonnengott mit der Erdmutter, deren Vereinigung die Neubelebung der Fruchtbarkeit der Natur bewirkt. Die

Verbindung des befruchtenden Himmels mit der empfangenden Erde tritt ganz besonders auch im Kulte des Gottes Freyr hervor. Auf den großen Kultfesten ganzer Stammesregionen wurde diese Hochzeit durch Schauspieler, ein Bursche als Vertreter des Gottes und ein Mädchen als Darstellerin der Erde, vollzogen, indem diese sich vor aller Augen geschlechtlich vereinigten. Andeutungen und Reste dieses Mysterienspieles haben sich z. B. in den Frühjahrsbräuchen erhalten, etwa in Osterspielen in den kultischen Labyrinthen oder im Maibrauch mit dem Maigraf und der Maigräfin oder dem Maikönig mit der Maikönigin. Auch der auf den Äckern verübte Beischlaf rührt aus dieser alten Tradition her.

In Skandinavien trat an die Stelle des Gottes Freyr ein Eiríkr, ein vergöttlichter König, der zum christlichen Heiligen wurde und an dessen Heiligentag, dem 18. Mai, man einen Umzug durchs ganze Land, die Eiríksgata, durchführte, was in heidnischer Zeit das Opfer „til sigrs" („für den Sieg"), das Sigrblót („Sieg-Opfer", Maifest) für den Gott Freyr gewesen ist. Das belegt auch die Überlieferung, daß dieser Umzug dazu diente, die Früchte der Erde zu heiligen.

Die in Jæderen, Slöinge, Lundeborg und an zahlreichen weiteren Orten zahllos gefundenen vikingerzeitlichen Goldplättchen, welche als Opfer- und Votivgaben verwendet wurden, zeigen oft zwei einander zugewandte Menschenfiguren, Mann und Weib. Man hat sie im Sinne von einer heiligen Hochzeit gedeutet. Auf einigen berührt der Mann die Brust oder Wange der Frau, auf andern trägt sie einen Zweig mit Blume und Blättern in der Hand. Offenbar opferte man diese Bleche, um Glück in der Liebe zu bekommen (Abb. 14).

Man hat auch den Kult der Göttin Nerthus (Njǫrunn) in diesem Sinne gedeutet, wofür die Waschung der Göttin nach dem Umzug spricht (siehe Seite 25).

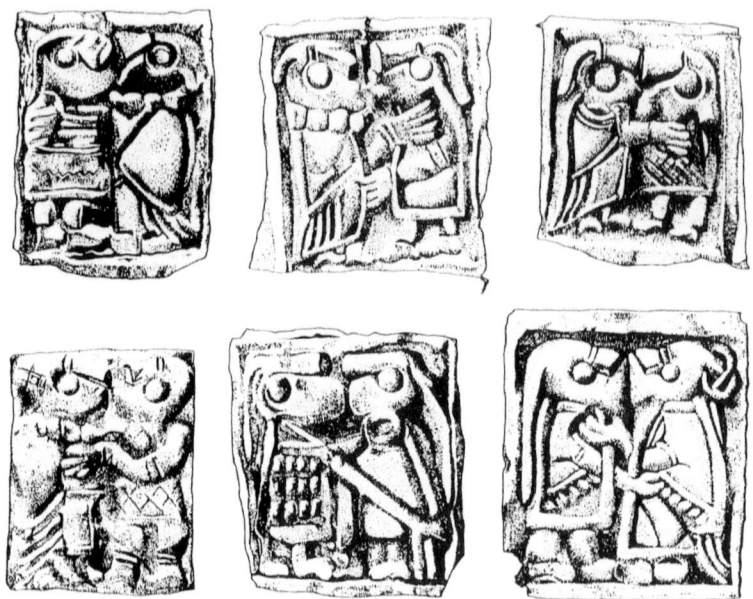

Abb. 14: Einige Goldblechfigürchen aus Slöinge (Halland).

Ähnliche heilige Hochzeiten, wo eine Priesterin mit einem Kultbilde auf einem von Kühen gezogenen Wagen fährt, gefolgt von einem Beilager und hernach dem Reinigungsbad sind uns von den Heräen in Argos, den Tonäen auf Samos und den Daidala auf dem Kithairon überliefert.

Der phallische Charakter des Fruchtbarkeitsgottes Freyr wird auch in einem besonderen Kult deutlich, der im Vǫlsa Þáttr der Ólafs Saga ins helga überliefert ist. Die Einleitung stellt es fälschlicherweise so dar, als wenn der Vǫlsi (zu vǫlr = Stab, das Glied) selbst den Bauern als Gottheit gedient habe, doch die Kehrreimzeilen in jeder der neun Strophen zeigt, daß das verehrte Wesen den Namen „Mǫrnir" trägt; es ist der Name eines Schwertes in den Þulur (*maru, „Zermürber, Zermalmer"), und wir können wohl davon

96

ausgehen, daß es ein Beiname des Gottes Freyr ist. Interessant ist auch, daß der Kult von der Bäuerin als Vorsteherin dieses Opfers begonnen wird[75]:

»Der heilige König Ólaf erfuhr, daß die Leute auf einem abgelegenen Hof im Nordlande noch heidnischen Brauch übten. Als sein Schiff einmal dort in der Nähe anlegte, nahm er zwei seiner vertrauten Mannen, den Norweger Finn Arnason und den isländischen Skálden Þormóðr, mit sich: sie gingen, alle drei in unscheinbarer Verkleidung, nach dem Hofe hin. Dort nannten sie sich alle drei Grímr und setzten sich mit den Hausgenossen – Bauer und Bäuerin, Sohn und Tochter, Knecht und Magd – zum Essen. Die Bäuerin trug in einem Leintuch den Vǫlsi herein; das war das Glied des Lasthengstes, das sie nach dem Schlachten im Herbst aufgehoben und durch Kräuter vor dem Faulen geschützt hatte: allabendlich hatte ihm die Familie ihre Verehrung bezeigt. Die Bäuerin nahm den Vǫlsi aus dem Tuche, legte ihn dem Bauer in den Schoß und sprach:

> *„Gehegt bist du, Vǫlsi, und gehütet wohl,*
> *in Linnen gehüllt und mit Lauch gestärkt.*
> *Nimm an, Mǫrnir, die Opfergabe!*
> *Hier nun, Bauer, nimm hin den Vǫlsi!"*

Den Bauer ließ das ziemlich gleichgültig; er nahm ihn jedoch und sprach: (...)«

Es folgen nun weitere Strophen der anderen Hausbewohner; dabei ist nur interessant, wie die Tochter des Hauses ihren Vers mit einem Schwur auf die Götter einleitet:

> *»Das schwör ich bei Gefjon und den Göttern allen:*
> *Ich fasse den roten Rüssel nicht gern.*
> *Nimm an, Mǫrnir, die Opfergabe!*
> *Knecht meiner Eltern, nimm an den Vǫlsi!«*

So geht es nun weiter, am Schluß nehmen auch die Gäste den Vǫlsi, nur der König zuletzt wirft ihn dem Hunde vor, der ihn sofort packt. Der König gibt sich zu erkennen und lehrt den Bauern nun den christlichen Glauben.

Jan De Vries hält gerade die erste Strophe, in der Lein und Lauch erwähnt werden, für echt und heidnisch, während die anderen Strophen schon eher ins Schwankhafte verändert sind.

Auch das berühmte Heldengeschlecht der Vǫlsunge geht auf einen Stammvater mit dem Namen Vǫlsi zurück; dieser göttliche Ahne könnte mit dem phallischen Kult des Freyr in Verbindung gestanden haben.

Kapitel 8

Freyr im Rechtssystem

Im ältesten isländischen Gesetz, dem Úlfljótslǫg, kommt der Gott Freyr neben Njǫrðr im Eidformular vor. Warum gerade diese Gottheiten dazu angerufen werden sollten, erscheint heute unklar.

Wenn auf dem Þing (der Gerichtsversammlung) eine Klage geführt werden sollte, dann mußte vor dem eigentlichen Þing der Täter mit zwei Zeugen zum Þing geladen werden. Auch die dem Tatort zunächstwohnenden Nachbarn wurden als Geschworene aufs Þing geladen. Auf dem Þing selbst wurde die Klage erneut mit zwei Zeugen kundgemacht. Wenn das Gericht tagt, treten die Beteiligten in den eingehegten Bereich; der Kläger steht dabei immer im Süden, der Beklagte im Norden. Nun ernennt sich der Kläger Zeugen für seinen Eidschwur, den er nun auf den Tempelring schwört, und seinen Klagevortrag. Der Ringeid (Baugeið), den auch die anderen Beteiligten schwören müssen, ist uns im Ulfljótslǫg überliefert. Es heißt dazu[76]:

»Ein Ring von zwei oder mehr Unzen sollte in jedem Haupttempel auf dem Altar liegen. Diesen Ring sollte jeder Goðe zu den Versammlungen, die er selbst abhielt, in der Hand halten, nachdem er ihn zuvor mit dem Blute des Opfertieres gerötet hatte, das er selbst dort opferte. Jeder Mann, der vor Gericht eine Rechtshandlung zu erledigen hatte, sollte vorher einen Eid auf diesen Ring schwören und sich zwei oder mehr Zeugen ernennen. Er sollte sagen:

„Euch beide nehme ich zum Zeugnis dafür,
Daß ich einen Eid auf den Ring leiste, einen Rechtseid.
Helfe mir Freyr und Njǫrðr
Und der allmächtige Áse,
So wahr ich hier klage,
Oder mich verteidige,
Oder Zeugnis ablege,
Oder Geschworenenspruch abgebe,
Oder Urteil fälle,
Wie ich es am gerechtesten
Und wahrsten und gesetzmäßigsten weiß,
Und so alle gesetzlichen Verrichtungen vornehmen will,
Die hier auf diesem Þing an mich kommen!"«

Daß hier Freyr angerufen wird, liegt wohl daran, daß Er auch Gott des Friedens ist, und man wollte auf den Þingen keine Kämpfe. Aber warum auch Freys Vater Njǫrðr mit angerufen werden mußte, das ist unbekannt. Mit dem „allmächtigen Ásen" ist nicht Óðinn gemeint, auch nicht Týr als Gott des Þings, sondern diejenige Gottheit, der der Tempel bzw. das Heiligtum (und damit der jeweilige Eid-Ring) geweiht ist und die den Eid zuerst entgegennimmt. Es wurde dann hier ihr Name eingesetzt. Es handelt sich ja um einen Mustertext, der dann jeweils nach dem Heiligtum und seiner Gottheit formuliert werden mußte. In einem Heiligtum des Gottes Þórr würde die Zeile dann also z. B. lauten: „Helfe mir Freyr und Njǫrðr und der allmächtige Áse Þórr ...". Auch wenigerwichtige Gottheiten hätte man in Ihrem jeweiligen Tempel mit dem Zusatz „allmächtiger Áse" oder „allmächtige Ásin" bezeichnet, denn so eine etwas schmeichelnde Anrede ist in heidnischen Kulturen durchaus auch üblich.

Danach erst beginnt der Klagevortrag, wobei der Kläger Zeugen benennen muß, die bei der Kundmachung (d. h. Vorladung) des

Täters zugegen waren. Dann werden die Geschworenen (Tatort-nachbarn) zur Sichtung entboten. Der Beklagte kann unter bestimmten Bedingungen, z. B. bei Verwandtschaft mit dem Kläger oder wenn es gar keine Tatortnachbarn waren usw. Geschworene ausschließen; es werden dafür andere entboten. Diese leisten nun ihrerseits den Eid und geben ihren Geschworenenspruch. Danach fordert der Kläger den Beklagten zur Einrede (Verteidigungsrede) auf, zuletzt verkündet der Goðe das Urteil. Sehr oft einigten sich beide Parteien vor oder während eines Prozesses auf einen Vergleich durch einen oder mehrere Schiedsrichter. Zuvor verpflichten sich beide Seiten, den Spruch anzuerkennen. Zuweilen gab man auch der Partei des Klägers die Schiedsspruchentscheidung (das „Selbsturteil"), und wegen dieser Ehre erhoffte man sich ein besonders mildes Urteil.

Wie eine Antwort zu dem Úlfljótseid an Freyr und Njǫrðr erscheint eine andere Geschichte. Um den Platz, wo die Richter und Geschworenen saßen und mit den Parteien verhandelten, waren Weihbande (vébǫnd) gespannt, die an Haselstangen befestigt waren. Der so eingehegte Platz war der Gerichtsring (dómhringr). In der Egils Saga Skallagrímssonar wird berichtet, daß König Erik zugelassen hatte, daß Egils Gegner diese Weihbande zerrissen, die Haselstangen niederbrachen und die Richter davonjagten, um einen für Egil günstigen Ausgang des Verfahrens zu verhindern. Es heißt nun in der Saga[77]:

»Freyr und Njǫrðr hassen den Menschenfeind, der das Heiligtum verletzt.«

Dieselben Gottheiten, die zum Verfahren angerufen wurden, sind nun die Gegner der Schänder des heiligen Gerichtsringes. Auch hier würde ich noch erwarten, daß die Gottheit des Heiligtums mit erwähnt wird. Vielleicht ist das in der Abschwörungsstrophe von

Hallfrøðr zu sehen, denn da stehen Freyr, Freyja und Njǫrðr an erster Stelle[78]. Auch beim kultischen Trinken in der Festhalle folgten nach dem Trunk auf Óðinn die Becher für Njǫrðr und Freyr, was die Bedeutung dieser Götter bestätigt. In der Hákonar Saga góða (Heimskringla) heißt es[79]:

»Feuer waren in der Mitte des Tempelflurs angezündet, und Kessel sollten darüber sein, und man sollte die vollen Becher über das Feuer hin reichen. Wer das Gelage gab und Tempelgoðe war, sollte die Becher und die ganze Opferspeise segnen. Zuerst sollte man den Óðinsbecher für den Sieg und die Herrschaft seines Königs trinken, und dann die Becher des Njǫrðr und des Freyr für fruchtbares Jahr und Frieden. Danach pflegten manche Männer den Bragi-Becher zu trinken. Man trank auch Becher auf seine Verwandten, die schon im Grabe lagen, und diese nannte man die Gedächtnisbecher.«

Freyskulte sind zu mehreren Festen überliefert, so zu Mittsommer, wo auch das Alþing (das Þing aller Männer und höchste Versammlung, wo auch Gesetze des ganzen Stammes beschlossen wurden) tagte, aber auch weitere Zeitpunkte, wo keine Rechtsdinge beraten wurden, galten Freyr, nämlich das Mittwinter- oder Julfest und das Winternacht-Opferfest. Dieses erwähnt die Gísla Saga Súrssonar[80]:

»Þorgrímr wollte zu Winteranfang ein Gastmahl geben, den Winter begrüßen und dem Freyr ein Opfer bringen.«

Wahrscheinlich war auch Fasnacht ein wichtiges Fest des Freyr, zumal in Schweden hier das alle neun Jahre stattfindende Landesfest (Dísablót und Dísting) in Upsala, wo Freyr verehrt wurde, abgehalten wurde. Auch bei uns in Deutschland war dieses Fest ein Freysfest, wie der christliche Ersatzheilige, der Hl. Ignatius von Antiochia (Heiligentag 1. 2.) beweist. Sein Name wird übersetzt mit „der Feurige" (lat. ignis), oder mit „Mann aus Egnatia".

102

Abb. 15: Wandteppich der Skog-Kirche mit Óðinn, Þórr und Freyr (rechts).

Saxo Grammaticus erwähnt die Einführung dieses Festes des Freyr im Norden[81]:

»Erst danach wurde der Fluch von ihm [Hading] genommen, als er seine Fre-
veltat durch Opfer sühnte und die Gunst der Götter wieder gewinnen konnte.
Damit die Götter ihm wieder ihre Gnade zuwandten, opferte er dem Gotte Frö
[Freyr] schwarze Opfertiere. Diese Art des Opfers wiederholte er im jährlichen
Umlaufe der Tage und hinterließ sie auch der Nachwelt zur Nachachtung.
Frøblót nennen die Schweden dieses Opfer.«

Da Saxo seine Wortwahl aus Valerus Maximus genommen hat, ist unsicher, ob es bei uns tatsächlich schwarze Opfertiere gewesen sind.

Tiere, die dem Freyr geweiht sind und teils auch geopfert wurden, sind der Eber, der Stier, der Hirsch und das Pferd.

Dem Freyr sind außerdem die folgenden Pflanzen geweiht: Ähren, nach der Volksüberlieferung auch Hirse und das Kuckucks-Kna-benkraut, der Erdrauch (der auch „Frikrut" heißt).
An anderen Dingen gelten Ihm die Sichel (als Attribut), Blumen- oder Getreidekränze, der Phallus und die Farbe Rot – mit rotem Gewande wird Er auf dem Wandteppich der Skog-Kirche in Hälsingland (11. Jh.) dargestellt. Der Teppich hat links Óðinn, ein-äugig und mit dem ungewöhnlichen Attribut einer Axt, in der Mitte ist Þórr mit einem langstieligen Hammer zu sehen und rechts Freyr mit einer Ähre in der Hand (siehe Abb. 15).

Kapitel 9

Götterentsprechungen

Dem Gott Freyr entsprechen verschiedene Gottheiten anderer
heidnischer Kulturen.

Saturn

Als die Germanen im 3. oder 4. Jh. zu ihrer eigenen siebentägigen
Woche die römischen Planetenzuordnungen übernahmen, fanden
sie für jeden römischen Planetengott eine germanische Entsprechung, doch für den Saturn nicht. Der Name blieb deswegen un-
verändert stehen, wie noch heute im englischen Saturday, oder es
wurde eine ganz andere Bezeichnung (Laugartac = Badetag) ge-
wählt. Es stellt sich die Frage, warum man damals nicht den Saturn
mit Ingwaz (Freyr) ersetzt hat, wie es spätere Quellen taten.
So finden wir z. B. folgenden Text in der Trójumanna Saga, einer
altnordischen Übersetzung vom Ende des 12. Jh. einer lateinischen
Vorlage[82]:

»In den Tagen Josuas, der nach dem Tod des Moses gemäß dem Willen Gottes
Anführer des jüdischen Volkes in Jorsalaland war, wurde im Jordanischen
Meer auf einer Insel namens Kreta ein Mann namens Saturn geboren, den wir
jedoch Freyr nennen. Während der ersten Hälfte seines Lebens war er kein
mächtiger, aber doch ein kluger und scharfsinniger Mann. Sein Bruder hieß Ti-
tan; er hatte zahlreiche Söhne. Saturn bemerkte, wie sehr sich das Ansehen der

Menschen, die ein Vermögen besaßen, von dem derjenigen unterschied, die gar nichts oder nur wenig besaßen. Nun strebt er danach, mit Hilfe seines Verstandes ein Vermögen anzusammeln (...) Er hatte drei Söhne, Jupiter, Neptun und Pluto. Jupiter liebte er am meisten von ihnen. Nun war Saturn so wohlhabend geworden und sein Ansehen war so sehr gewachsen, daß man ihn zum König wählte. Er war beliebt und freigebig und ließ auf der Insel Goldmünzen in Umlauf setzen. Als sich sein Ansehen so rasch mehrte, nannten die Heiden das Gebiet, über das er herrschte, Goldheim.«

Hier wird Saturn mit Freyr gleichgesetzt, doch bei den Wochentagsnamen wurde davon abgesehen. Der Grund ist der Unterschied zwischen dem astrologischen Saturn und dem Gott Saturn. Der astrologische Saturn ist nämlich im Altertum das „große Unglück", der kalte, dunkle Titan, vor dem man sich fürchtet. Ganz anders als Freyr oder der mythologische Gott Saturn. Zu den Wochentagsnamen wurden aber eindeutig die astrologischen Planetengötter zugeordnet, die sieben Wochentage mit den Namen der sieben Planeten, also dem Sonnabend der astrologische Saturn, nicht der mythologische. Aus diesem Grunde bestand keine Klarheit, ob man Saturn eher mit Ingwaz/ Freyr übertragen sollte, um damit der Bedeutung des Gottes Saturn zu entsprechen, oder ob man ihn z. B. mit Óðinn ersetzen sollte, um damit dem Saturn als Planeten und dessen Wirkung zu entsprechen.

In der isländischen Breta sögur, die eine altnordische Übersetzung von Geoffrey of Monmouth ist, wird Saturn indirekt mit Óðinn und Jupiter mit Þórr gleichgesetzt[83]:

»Sie stießen auch auf einen alten und großen Tempel, in dem sich Statuen von Gefjon, Saturn und Jupiter befanden (...) und als sie in den Tempel kamen, entfachten sie drei Feuer: Eines für Óðinn, ein zweites für Þórr, das dritte für Gefjon.«

Hier entspricht also Óðinn dem Saturn, aber auch diese Zuordnung paßt nicht gut zum astrologischen Saturn, da Óðinn wohl kaum als „großes Unglück" im Horoskop erscheinen kann. Außerdem ist bereits der Planet Merkur und damit der Mittwoch, „Wodanstag", dem Óðinn zugeordnet.

Immerhin zeigt die Tatsache, daß der Wochentagsplanet Saturn nicht durch den Gott Ingwaz/ Yngvi-Freyr ersetzt wurde, daß es auch unseren Vorfahren darauf ankam, die astrologische Bedeutung des Saturn zu übernehmen. Wäre ihnen die Astrologie unbekannt oder uninteressant, hätten sie ja ohne weiteres den Tag nach dem Gott Freyr benennen können.

Ursprünglich ist Saturn eine etruskische Gottheit; die Etrusker waren die ersten, die die Gegend um Rom besiedelten. Eine etruskische Gravur zeigt „Satre" mit Flügeln, die Sichel in seiner Hand. Eine andere alte Steingravur zeigt Saturn ohne Flügel, aber gleichfalls mit Sichel (siehe Abb. 5, S. 31). Er wurde von den Römern übernommen und später mit dem griechischen Kronos identifiziert. Saturn ist Gott der Saat, des Obst- und Weinbaus. Nach ihm wurde Latium auch „Land des Saturns" genannt, da der Boden dort sehr fruchtbar ist. Oftmals wurde Saturn auch mit einer Krähe, dem Vogel des Orakels, dargestellt.

Ähnlich wie der Vanengott Freyr, der kein Áse ist, ist auch Saturn kein olympischer Gott, sondern gehört zu den Titanen. Nachdem Saturn von Jupiter gestürzt wurde, reiste Er nach Latium und fand beim doppelköpfigen Schutzgott Janus, der nach einer Lesart Saturns Sohn ist (nach anderer sind Uranus-Coelus oder Apollon Janus Väter), freundliche Aufnahme. Er ließ sich auf dem Capitol nieder, gab den dort lebenden Menschen Gesetze, und begründete so zusammen mit Janus eine neue Herrschaft – „Saturnia regna", das neue goldene Zeitalter. Janus wohnte auf dem Ianiculum, einem Hügel Roms auf dem rechten Tiberufer. Saturn lehrte ihn Ackerbau, Münzprägung und Schiffsbau.

Von dem Kampf Saturns mit Jupiter um die Herrschaft berichtet auch die Tróamanna saga[84]:

»Jupiter fand das Leben der Bevölkerung zu bequem und das Reich seines Vaters zu groß. Er beneidete ihn darum und bot den Fürsten Geld, damit sie den König stürzten. Sie nehmen das Geld an und ergriffen Partei für Jupiter, der seinen Vater vor die Wahl stellt, entweder auf die Herrschaft zu verzichten, oder zu kämpfen. Jupiter hatte sich schon zuvor einen großen Teil des Reiches unterworfen. Saturn meint, seine Söhne seien zu unabhängig gewesen und er habe ihnen zu große Lehen überlassen. Er flieht bis nach Italien und unterweist dort zunächst die Leute im Ackerbau.«

In der Funktion von Saturn als Gott des Ackerbaus und der Münzprägung (also wohl des Reichtums) entspricht Er ganz dem Gott Freyr. Der Streit Jupiter – Saturn ist aber wohl auch ein Bild für die unterschiedlichen Zuständigkeiten: Jupiter regiert im Himmel (wie Óðinn), Saturn regiert auf der Erde die Fruchtbarkeit (wie Freyr).

Einmal beging Freyr die Vermessenheit, Sich auf Óðins Hochsitz (also eigentlich: Thron) zu setzen, wie es die schon zitierten Quellen Skírnisfǫr und Gylfaginning 37 erzählen (siehe Kap. 3). Erinnert das an den Saturn, der als Angehöriger des älteren Göttergeschlechtes der Titanen die Herrschaft im Himmel beanspruchte und von Zeus gestürzt wurde?

Jedenfalls ähnelt der Sturz des Saturn durch Jupiter dem Sturz Satans durch Gott, wie es die altchristlichen Mythen erzählen. Die Namensähnlichkeit Satan/ Saturn mag hier mit ausschlaggebend gewesen zu sein, diesen antiken heidnischen Mythos zu übernehmen. „Satan" aber ist hebräisch und bedeutet „Feind, Wider-

sacher", „Saturn" aber ist lateinisch und bedeutet „säen" (serere).
Der Sturz ist in der Bibel in der Apocalypsis 12, 7ff beschrieben:

»*Und es erhub sich ein Streit im Himmel: Michael und seine Engel stritten mit dem Drachen; und der Drache stritt und seine Engel,*
Und siegeten nicht, auch ward ihre Stätte nicht mehr gefunden im Himmel.
Und es ward ausgeworfen der große Drache, die alte Schlange, die da heißt der Teufel und Satan, der die ganze Welt verführet, und ward geworfen auf die Erde, und seine Engel werden auch dahin geworfen.«

Hier finden wir den Streit von Jupiter und Saturn im christlichen Gewande erzählt.

Als Saturns Gattin wurde im römischen Pantheon zunächst die Göttin Lua genannt. Lua stammt von „luo", das ursprünglich „lösen" bedeutete, später „büßen, sühnen, durch Buße abwenden". Auch „lucrum" („Gewinn, Vorteil") wird als Wortwurzel angegeben. Lua galt als Göttin der Versöhnung; als Lua Mater verbrannte man ihr zu Ehren die Waffen der geschlagenen Feinde. Lua wird gelegentlich auch als Saturns Tochter aufgeführt. Die am häufigsten zitierte Gattin Saturns ist Ops (Rhea oder Cybele), eine Göttin der Fruchtbarkeit und des Erntesegens. Ops bedeutet „Macht, Kraft, Stärke, Beistand", im Plural auch im politischen Kontext, also „Streitkräfte". Weiterhin wird auch das Wort „opus" als Übersetzung angegeben, welches „Werk (Bauwerk, Kunstwerk), Arbeit/ Landarbeit/ Handarbeit, Mühe, Anstrengung", oder „Tat", bzw. „Handlung" bedeuten kann. Zu Ehren der Ops wurde am 23. August das Erntefest Opiconsivia gefeiert, und am 19. Dezember die Opalia. Dieses Fest bildete auch das feierliche Ende der Saturnalien.
Die Saturnalien fanden jährlich vom 17. Bis zum 19. Dezember statt; unter Tiberius kam noch ein vierter, unter Caligula ein fünfter

Tag hinzu. Schließlich wurde das Fest immer vom 17. bis zum 23. Dezember gefeiert (damals noch der Tag vor der Wintersonnenwende). Am 17., 19., 21. und 23. wurden die Götter gefeiert; die Tage dazwischen verbrachte das Volk mit karnevalartigen Vergnügungen. An diesen Tagen vertauschten mancherorts Herren und Sklaven die Rollen, man bewirtete sich gegenseitig, die Armen wurden von den Reichen beschenkt, die Armen selbst verschenkten Disteln und Lorbeerblätter. Entgegen allgemeiner Verbote durfte an diesen Tagen auch um Geld gewürfelt werden. Auf dem Markt kaufte man kleine Geschenke für Freunde und Familie, die sog. sigillaria (kleine Tonfiguren); auch Bäume und Sträucher wurden mit Sigillaria und Kerzen geschmückt, was an unseren Weihnachtsbaum erinnert.

Die offiziellen Feiern wurden am 17. mit einem Sacrificium vor dem Tempel des Saturns auf dem Forum Romanum eröffnet, gefolgt von einem Conivium Publicum, einem Mahl auf Staatskosten. Nach dem Mahl begrüßte man sich mit dem feierlichen Ruf „Io Saturnalia!" oder „Bona Saturnalia!". Für die Dauer der Feierlichkeiten wählte man einen saturnalicius princeps, einen Saturnalienfürsten. Am 19. wurde die Opalia gefeiert, am 21. wurde das Divalia zu Ehren der Schutzgöttin der Erde Dia gefeiert (der Name erinnert an das indische Fest Divali), schließlich am 23. Dezember das Larentia, zu Ehren der Göttin Acca Larentia, der sagenhaften Amme der Zwillinge Remus und Romulus, sowie zu Ehren der Laren, den römischen Ahnen- und Feldgeistern, Kinder der Acca Larentia.

Die Saturnalien wurden in Erinnerung an das erste Goldene Zeitalter unter der Herrschaft Saturns gefeiert, von dem der griechische Mythos Folgendes berichtet[85]:

»Die ersten Menschen, welche die Götter schufen, waren ein goldenes Geschlecht. Diese lebten, solange Kronos (Saturnus) dem Himmel vorstand, sor-

genlos und den Göttern selbst ähnlich, von Arbeit und Kummer entfernt. Auch die Leiden des Alters waren ihnen unbekannt; an Händen, Füßen und allen Gliedern immer rüstig, freuten sie sich, von jeglichem Übel frei, heiterer Gelage. Die seligen Götter hatten sie lieb und schenkten ihnen auf reichen Fluren statt- liche Herden. Wenn sie verscheiden sollten, sanken sie nur in sanften Schlaf. Solange sie aber lebten, hatten sie alle möglichen Güter; das Erdreich gewährte ihnen alle Früchte von selbst und im Überflusse, und ruhig, mit allen Gütern gesegnet, vollbrachten sie ihr Tagewerk. Nachdem jenes Geschlecht dem Be- schlusse des Schicksals zufolge von der Erde verschwunden war, wurden sie zu frommen Schutzgöttern, welche, dicht in Nebel gehüllt, die Erde rings durch- wandelten, als Geber alles Guten, Behüter des Rechts und Rächer aller Verge- hungen.«

Es werden dann noch jeweils weitere Geschlechter geschaffen, die sich als undankbar und kriegerisch oder böse erwiesen. Die des 2. Menschengeschlechts wurden Dämonen, die des 3. (aus einer Esche geschaffen) verschwanden in die Unterwelt. Das 4. Ge- schlecht waren die Heroen, die nach dem Tode die Inseln der Selig- keit bewohnten; das 5. ist das derzeitige, besonders schlechte Men- schengeschlecht.

Diese erste, die goldene Zeit, die ja auch die Tróamanna saga er- wähnt, findet ihre Entsprechung in einer Schilderung der Ynglinga saga 10 (siehe Seite 54f).

In der Kunst wird Saturn in der Regel mit dem Attribut der Sichel dargestellt (siehe Abb. 5, S. 31), Freyr hingegen eher mit der Ähre und rotem Gewande. so auf dem Teppich, der in der Kirche von Skog, Hälsingland um 1200, gefunden wurde (Abb. 15, S. 103). Aber es gibt auch eine Darstellung mit der Sichel. Auf dem gotlän- dischen Bildstein von Sanda stehen in der Mitte die drei in der In- schrift genannten Brüder, und sie haben die Attribute der Götter Óðinn (Speer), Þórr (Hammer) und Freyr (Sichel) (siehe Abb. 16).

Abb. 16: Runenstein von Sanda, Gotland, mit Götterattributen. Um 1050.

Wir sehen, daß der Gott Freyr und der ursprüngliche Gott Saturn identische Gottheiten sind. Der Saturn wurde allerdings schon in der Antike mit dem Gott der Zeit, Kronos, identifiziert. Auch hier finden wir eine Entsprechung, da Freyr ein „gutes Erntejahr" (árs) beschert und somit für diese Jahreszeit zuständig ist.

Priapos

Eine andere Entsprechung des Gottes Freyr ist der phrygisch-grie-chische Gott Priapos (der Name ist ungeklärt), bei den Römern Priapus. Er ist der Sohn der Aphrodite (Venus) oder einer Nymphe und des Diónysos. Eine andere Überlieferung nennt Hermes seinen

Vater. Priapos und wurde als bärtiger, nach asiatischer Sitte bekleideter Mann mit einem gewaltigen Phallus und in roter Farbe dargestellt (Abb. 13, S. 92). Im aufgehobenen Schurz seines Gewandes trug er Baumfrüchte und Trauben, ums Haupt trug er ein turbanähnliches Tuch oder einen Kranz von Weinlaub. Man opferte ihm die Erstlingsfrüchte von Feld und Garten und stellte rohe Holzbilder des Priapos, eine Hippe oder Keule in der Hand, ein schwankendes Rohr auf dem Haupte, als Vogelscheuche zum Schutze in den Weingärten auf. Priapos ist Gott der Zeugungskraft und der üppigen Fruchtbarkeit, Gott der Baumgärten, Bienen, Schafe und Ziegen sowie Schutzpatron der Fischer und Schiffer. Letzteres paßt natürlich auf Freyr als Sohn des Meeresgottes.

Auf Priapos wurden obszöne Kurzgedichte gedichtet, die man Priapeia nannte, und von denen noch 82 erhalten sind. Von unzüchtigen Liedern im Heiligtum Upsalas, in dem auch Freyr verehrt wurde, berichtet auch Adam von Bremen[86]:

»Übrigens sind die Lieder, die bei der Vollziehung eines solchen Opfers gesungen zu werden pflegen, vielerlei und unehrbar, und darum besser zu verschweigen.«

Waralden Olmay

Bei den Lappen entspricht dem Freyr der Gott Waralden Olmay, wie ich schon ausgeführt hatte (Seite 12). Ein lappischer Opferkult, der ein übernommener Freyskult gewesen sein kann, wird in Ol. Graans „Relation"[87] beschrieben. Die Knochen eines geopferten Tieres wurden gereinigt und mit seinem Blut begossen; sodann wurden sie mit den Hörnern der übrigen geschlachteten Tiere begraben, und ein aus einer Birke hergestelltes Holzbild, das Weraldin Ollma [Waralden Olmay] genannt wurde, stellte man schließlich in den Knochenhaufen; an der Stelle der Brust war diesem Bilde ein „membrum genitale" (Zeugungsglied) angebunden. Das sollte die Fortzeugung sichern, da sich an dem Opfertage, dem 21. September, die Renntiere gerade in der Brunstzeit befinden.

Der norwegische Ort heißt heute Harestad, früher Harundarstafr („mit Phallus versehener Stock").

Cernunnos

Möglicherweise ist auch der celtische Gott Cernunnos („der Gehörnte"; cer vielleicht auch zu ker „Wachsen"?), der im mittelalterlichen Jäger Herne weiterlebt, eine Entsprechung des Freyr. Wir wissen nicht viel über Cernunnos, außer daß er mit Hirschgeweih dargestellt wird auf dem Altar der Nautae Parisiaci und vielleicht dem Kessel von Gundestrup (Abb. 6, S. 48). Dort hat er ein Hirschgeweih und hält eine Schlange mit Widderkopf in der Hand, was auf Schlangenkulte des Freyr hinweist. Da Freyr den Riesen Beli mit einem Hirschhorn erschlägt, ist eine Ähnlichkeit jedenfalls vorhanden. Aber unter „Cernunnos" werden heute ganz verschiedene celtische Gottheiten mit Geweih oder Hörnern verstanden.

Óengus

Óengus oder auch Angus, der celtische Gott der Iren mit dem Beinamen „der allein Kräftige" hatte ich schon im Kap. 4 erwähnt. Er ist Sohn des Schöpfergottes Dagda und dessen Verbindung mit der Frau des Herrn der Anderswelt, Elcmar, der Muttergöttin Bóand, und wurde von Midir erzogen. Sein anderer Name lautet Mac ind Óc oder Mac Óc („der junge Knabe"). Er wird gedeutet als Symbol des Tages, oder Gott der lichten Kräfte, der überall hilfreich und schützend eingreift. Er besitzt einen unsichtbar machenden Zaubermantel. Derbrenn wurde von Óengus geliebt und hatte sechs

Pflegekinder, die von Daib Garb, ihrer Mutter, in Schweine verwandelt waren. Óengus half den Schweinen, doch wurden alle bis auf eines von Maeve gejagt und geschlachtet, ihre Köpfe wurden in einen Hügel gesteckt, der darum Dumaselga („Hügel der Jagd") heißt. Mehrere Mythen sind erhalten, neben dem schon zitierten Aislinge Oenguso auch Tochmarc Étaíne, wo seine Geburt und Jugend erzählt wird, wie er sich durch eine List in den Besitz des Elfenhügels Brug na Bóinne setzt und für seinen Ziehvater Midir um die schönste Frau Irlands wirbt. In der Erzählung Tóraigheacht Dhiarmada agus Ghráinne tritt Óengus als Beschützer des Liebespaares Diarmait und Gráinne auf.

Abb. 17: Baltische Götter: Patollus, Perkunos und Potrimpos (v. links).

Potrimpos

Der nordgermanischen Götterdreiheit Óðinn-Þórr-Freyr entspricht die baltische Götterdreiheit Patollos, Perkunos und Potrimpos (siehe Abb. 17 aus einer Handschrift des 16. Jh.). Patollos, später von den Christen als teuflischer Picollos dämonisiert, ist der alte Totengott und entspricht dem Óðinn. Der rote, donnernde Perkunos mit flammendem Blick und seinem Ziegenwagen ist mit unserem Þórr identisch. Der junge, ährengeschmückte Fruchtbarkeits- und Reichtumsgott Potrimpos entspricht unserem Gott Yngvi-Freyr. Er ist rechts auf der Abb. 17 zu sehen.

In dem Buch „Ostpreußische Sagen" wird über den Kult des Potrimpos im ostpreußischen Heiligtum Romove berichtet. Danach war Potrimpos ein junger Mann, ohne Bart, gekrönt mit einem Kranz von Kornähren, fröhlich lachend. Sein Kleinod war eine Schlange in einem großen Topf, mit Milch von den Waidelotten (Priestern) ernährt und mit Getreidegarben bedeckt. An besonderen Tagen oder wenn man wichtige Fragen an die Gottheiten hatte, wurde im Hause ein Tisch festlich mit einem weißen Leinentuch und ausgewählten Speisen gedeckt. Der Topf mit der Schlange wurde daraufgestellt und die Abdeckung entfernt, so daß die Schlange herauskommen konnte. Dann wurde sorgfältig beobachtet, wie sie sich auf dem Tisch bewegte, welche Speisen sie annahm oder verweigerte; daraus konnte man die Antwort der Gottheit auf seine Fragen oder Wünsche erschließen.

Auch wir kennen die heilige Hausnatter, die als Beschützerin des Hauses gilt. Die Langobarden schmückten ihren Altar mit goldenen Schlangenbildern. Die Schlange ist zudem ein phallisches Sinnbild und erinnert damit an die phallischen Darstellungen des Gottes Freyr. Wenn die Pruzzen auf dem Wasser fuhren, und es begegnete ihnen dort eine Schlange, so sahen sie dies als ein Zeichen, daß der Gott Potrimpos mit ihnen war und ihnen beistand. Stryjkowski schreibt[88]:

»Links vom Perkun stand ein Götze in der Gestalt einer der Länge nach gewundenen Schlange, den sie Potrimpos nannten, d. i. den häuslichen Gott.«

Dem Gott brannte auch man Wachs und Weihrauch an. Der Chronist Simon Grunau (geb. ca. 1470) schreibt in seiner Preußischen Chronik[89]:

»Unter denen der eine war gestaltet wie ein junger fröhlicher Mann ohne Bart, der sich gegen jedermann ganz freundlich tät zeigen, gekrönt mit einem Kranze von Sangen oder Roggenähren. Dieser war des Getreides Gott und hieß Potrimpo (...)
Potrimpo war der andere Abgott der Preussen, ward gehalten für einen Gott, von dem alles Glück käme, in Streiten, Regierung, Haushaltung, auf dem Ackerbau und andern mehr. Wenn diesem Abgott sollte eine Ehre mit Opfer getan werden, mußte sich der Waidelotte dazu bereiten, mit dreitägigen Fasten und dazu auf bloßer Erde schlafen und in das ewige Feuer, das mit Wachs gehalten ward, etlichen Weihrauch werfen, damit räuchern.«

In den baltischen Mythen hat Potrimpos auch einen Bezug zum Wasser, welches Fruchtbarkeit bringt. Einige Quellen bezeichnen Potrimpos als Gott der fließenden Gewässer.

Malecki berichtet, daß die Pruzzen Potrimpos anriefen, dann heißes Bienenwachs ins Wasser gossen und aus den entstehenden Figuren die Zukunft deuteten. Daukantas beschreibt Potrimpos als Gott des Frühlings, der Freude, der Fülle, des Getreides und des Viehs.

Vielleicht ist Autrimpus, der Gott des Meeres, der Vater des Potrimpos. Die Silbe -trimp- kann baltisch nicht gedeutet werden, vermutlich aber geht der Anfang „Po(t)" auf das skandinavische „an, bei, vor" zurück.
Der Gott Pergubrius („durcharbeiten wollen") scheint mit Potrimpos identisch zu sein, zumindest von der Funktion her. Zu ihm ist ein Gebet erhalten, welches zum Fest der Frühlingsgleiche gesprochen wurde:

»O Herr unser Gott Pergubrius!
Du verjagest den Winter,
Du bringest die Lust des Frühlings wieder:
Und gibst in allen Landen
Laub und Gras.
Durch Dich grünen die Äcker und Gärten,
Durch Dich blühen die Wälder und Gebüsche.
Wir bitten Dich,
Du wollest unser Getreide
Auch wachsen lassen
Und alles Unkraut dämpfen.
Verleihe den Landleuten Gras und eine reiche Ernte,
Und mehre ihr Gewächs in den Scheunen.«

König Fróði

In den nordischen Überlieferungen erscheint auch ein Friedenskö-
nig Fróði, der um die Zeitenwende im dänischen Jellinge residiert
hatte. Sein Name ist eine Ableitung des Beinamens des Gottes
Freyr. Aus „Yngvifreyr inn fróði" wurde der König Fróði, bei Saxo
Grammaticus König Frotho. Da fróði „reich, von Lebenskraft erfüllt, stark" bedeutet, kann es sich um einen Beinamen eines historischen Königs handeln; aber ihm scheint man Züge des Gottes
Freyr zugeschrieben zu haben. Nach der Ynglings Saga begann der
Fróði-Friede während der Regierung Freys. Nach Saxo[90] hat man
Frotho nach seinem Tode drei Jahre lang in einem Wagen durch
die Fluren gefahren, damit das Volk von seinem Tode nichts erfahren sollte und um weiter Steuern einzunehmen. Das erinnert sehr
an die Geschichte der Ynglinga Saga, wonach Freys Tod eine zeit-
lang verschwiegen wurde. Über König Fróði heißt es, daß er mit
Freys Sohn Fjǫlnir gut befreundet war. Nach Saxo starb Frotho
durch die Hörner einer Seekuh; nach der Skjǫldungasaga 8 geschah

das durch das Geweih eines Hirsches, was eher zum Mythos paßt. Forscher haben darauf hingewiesen, daß der Tod eines Vegetationsgottes wie Freyr bzw. Fróði zu einer geübten Kultpraxis der Wachstumsriten gehören konnte. Zum sterbenden Gott gehört auch der wiedergeborene Gott, den wir im gotischen Jultanz oder der Vorstellung von Freyr als Kind in den Grímnismál 5 finden.

St. Ingemo

Eine weibliche schwedische Heilige mit Namen „St. Ingemo" ist zweifellos ein Versuch, den Gott unter fast demselben Namen irgendwie christlich zu ersetzen. Ein alter Opfergesang beim St. Ingemo-Quell ist erhalten, dazu heißt es[91]:

»Noch versammelt ein alter Brauch die Landleute am Vorabend mancher Feste an heiligen Quellen, wo sie Gaben bringen, ihre Schäden in der Quelle baden, von dem Wasser trinken und dasselbe für die Kranken nach Hause nehmen. Dieser Opfergesang oder Psalm wurde noch in der Mittsommernacht des Jahres 1671 im Ingemo-Hain beim Ingemo-Quell in Westgotland gesungen, was aus einem Dokument erhellt, daß sich im Archiv des Consistoriums zu Skara befindet.«

Abb. 18: Der S. Ingemo-Hain mit Quellhaus in Västergötland.

Die heilige Ingemo ist eine lokale Heilige in der Gemeinde Dala, Kreis Gudhem in Västergötland. Hier auf dem noch heute „Kapelle" genannten Hof befand sich einst eine Ingemo geweihte Kapelle, von der nur noch der Steinhaufen zwischen Scheune und Wohnhaus übrig ist, aber die zugehörige S. Ingemos Quelle ist noch vorhanden. Von ihrem früheren Zustand zeugen alte Bilder (siehe Abb. 18). Es war ein Opferhain, vermutlich des Freyr, der dann in späterer Zeit auf eine weibliche Heilige bezogen wurde, St. Ingemo, wobei der Name eher noch männlich klingt (weiblich wäre „Ingema"). Ingemo soll eine als Göttin verehrte Frau aus Borgunda gewesen sein. Da Freyr wie Potrimpos auch mit dem Wasser in Zusammenhang steht als Sohn des Meeresgottes und Spender von Regen, ist es wohl ein alter Freys-Kult, der hier geübt wurde. Daher bringe ich den Text des gesungenen Liedes, in dem auch genau beschrieben wird, wie man die Opfergaben umschritt und niederlegte. Gefunden wurden an der Quelle auch geopferte Münzen des 17. – 19. Jh., auch Brot wurde dort geopfert[92]:

> *»Und darum bin ich kommen hier,*
> *Um Hilfe zu erlangen mir,*
> *Bei diesem Hain und Heiles Quell,*
> *Der vielen Menschen half zur Stell'.*

> *Sein heilig Wasser schlürf ich ein,*
> *So bad' ich auch den Schaden mein,*
> *Mit Kniefall vor Sankt Ingemos Brunn*
> *Sag' mein Gebet zu dieser Stund.*

> *Und hoffe auf der Heiligen Gnad',*
> *Daß Hilfe komme nicht zu spat,*
> *So geh' ich drei Mal hier im Ring,*
> *Und so mein kleines Opfer bring'.*

Ich leg' es nieder dankbarlich,
Und fleh', sie wollen gnädiglich
Mir lindern Tag für Tag mein Weh,
Mein Glück mir machen neu wie eh'.«

Andreas

Ein wichtiger christlicher Ersatz für den Gott Freyr ist der Apostel Andreas. Sein Name bedeutet „der Männliche" (griechisch andreíos, „mannhaft, mutig"), was schon an den phallischen Gott Freyr erinnert. An seinem Heiligentag, dem 30. 11., werden von den jungen Mädchen zahllose Liebesorakel ausgeführt. Er wird von Mädchen angerufen, die heiraten wollen, und ihn um einen Mann bitten.

Andreas wurde der Legende nach an einem Schrägkreuz gekreuzigt, welches dem großen X entspricht. Das ist aber auch die Rune *Gebo Χ , die Rune der Gabe, was auch zu Freyr als gabenspendenden Gott gut paßt. Andreas ist Patron der Fischer und Fischhändler und hilft auch gegen Unfruchtbarkeit der Frauen.

Soweit die Überlieferungen zu Yngvi-Freyr, Seinen Mythen, Kulten und Entsprechungen zu andern Mythologien.

Wer sich auch für Freys Schwester, die Liebesgöttin Freyja, interessiert, dem empfehle ich mein Buch „Liebesgöttin Freyja – Die beliebteste Göttin unserer Vorfahren", Norderstedt 2020, 9,80 €.

Anmerkungen

1 Ludwig Gruber, Erschließung des Sinnzusammenhangs der Runenreihe auf Spuren einer urzeitlichen Glaubenswelt, Wien 1955, S. 78f);

2 Jordanis, De origine actibusque Getarum, Kap. XIII, 78;

3 Á. v. Nahodyl Neményi (Übers.), Die Jüngere Edda – Altnordisch und deutsch, Norderstedt 2017, S. 53;

4 W. Ranisch, W. H. Vogt (Übers.), Fünf Geschichten aus dem östlichen Nordl and, Sammlung Thule Band 11, Düsseldorf-Köln 1964, S. 44;

5 A. Heusler, Fr. Ranke (Übers.), Fünf Geschichten von Ächtern und Blutra che, Sammlung Thule Band 8, Düsseldorf-Köln 1964, S. 90;

6 Á. v. Nahodyl Neményi (Übers.), Götterlieder der Edda – Altnordisch und deutsch, Norderstedt 2017, S. 201;

7 Finnur Jónsson, Den Norsk-Islandske Skjaldedigtning, København, Band I, 129 Str. 7;

8 Flateyjarbok – En Samling af Norske Konge-Sagaer, Band 1, Christiania 1860, 403;

9 Á. v. Nahodyl Neményi, Liebesgöttin Freyja – Die beliebteste Göttin unserer Vorfahren, Norderstedt 2020;

10 Felix Niedner (Übers.), Snorris Königsbuch (Heimskringla), Düsseldorf-Köln 1965, Sammlung Thule Band 14, Ynglinga Saga Kap. 4, S. 29;

11 wie (10), Kap. 7, S. 32;

12 wie (3), Kap. 43f, S. 83ff;

13 J. C. M. Laurent, W. Wattenbach (Übers.), Adam von Bremen, Hamburgische Kirchengeschichte, Essen, Stuttgart 1986, S. 277f (Gesta Hammaburgensis ec clesiae pontificum, Buch IV, 26);

14 Ólafs saga Tryggvasonar, Kap. 69, 252 und 322;

15 Walter Baetke (Übers.), Islands Besiedelung und älteste Geschichte, Düssel dorf-Köln 1967, Sammlung Thule Band 23, S. 106 (Landnámabók II, 105);

16 wie (3), S. 121;

17 Paul Herrmann, Deutsche Mythologie in gemeinverständlicher Darstellung, Leipzig 1898, S. 291;

18 wie (3), S. 51;

19 wie (10), Ynglinga Saga Kap. 4, S. 29;

20 in dem Liede Hrafnagaldr Óðins sowie in den Nefnaþulur der Jüngeren Edda;

21 Manfred Fuhrmann (Übers.), Tacitus Germania, Stuttgart 1997, S. 29;

22 Á. v. Nahodyl Neményi, Weisheit der Runen – Orakel, Schrift, Kalender, Norderstedt 2020, S. 124-132;

23 Catrin Wildgrube, Fricco, in: Germanen-Glaube Nr. 1, Werbig 2010, S. 10;

24 wie (21), Kap. 2, S. 4;

25 wie (3), S. 71;

26 wie (6), S. 201, 203;
27 wie (6), S. 305;
28 wie (6), S. 239-255;
29 Übersetzung von Markus Osterrieder, Text: MS. Egerton 1782, fo. 70r. 1-71 v., 8. Jh., Textedition: Francis Shaw: The Dream of Óengus. Dublin 1934;
30 wie (6), S. 37;
31 wie (14), Kap. 313;
32 Þáttr Styrbjarnar Sviakappa (14-15. Jh.), 239;
33 Hallfredar saga (9.-12.Jh.), Kap. 5;
34 wie (19), Kap. 10, S. 35f;
35 wie (8), I, 403;
36 Capitulare II, 33;
37 Das niederdeutsche Original bei J. H. Schulte, Die Gründung der Kirche und des Stifts zu Freckenhorst, Warendorf, Münster 1852;
38 die Nacherzählung der Gründungssage nach Wilhelm Kohl, „Geschichte des Klosters und Stifts Freckenhorst", Kirche und Stift Freckenhorst. Jubiläumsschrift zur 850. Wiederkehr des Weihetages der Stiftskirche in Freckenhorst am 4. Juni 1979. Kath. Kirchengemeinde St. Bonifatius, Freckenhorst (Hrsg.). Freckenhorst, 1979. S. 25-56.;
39 wie (15), Landnámabók IV, 5, S. 141;
40 wie (3), S 161;
41 wie (4), Kap. 5 und 9, S. 39 und 51;
42 S. Isselbächer, D. Mosbach, I. Priebe (Übers.), Ásmundarsaga Kappabana, Leverkusen 1988, S. 101f;
43 wie (4), Kap. 26, S. 92;
44 Ólafs Saga Tryggvasonar hin mesta, Kap. 323;
45 Hans-Peter Hasenfratz, Die religiöse Welt der Germanen, Freiburg 1992, S. 16;
46 Gustav Neckel (Übers.), Sieben Geschichten von den Ostland-Familien, Düsseldorf-Köln 1964, Sammlung Thule Band 12, Kap. 2, S. 75f;
47 wie (46), Kap. 3, S. 78;
48 wie (46), Kap. 3, S. 79;
49 wie (46), Kap. 6, S. 94;
50 wie (46), Kap. 7, S. 94;
51 Kurt Schier (Hrsgb.), Die Saga von Egil, Düsseldorf-Köln 1978, S. 274;
52 wie (8), I, S. 401, Ólaf Tr. Saga Kap. 322;
53 W. H. Vogt, Frank Fischer, Fünf Geschichten aus dem westlichen Nordland, Düsseldorf-Köln 1964, Sammlung Thule Band 10, Kap. 34, S. 90f;
54 Handwörterbuch des Dt. Aberglaubens Stichwort „Ofen";
55 Jacob Grimm, Deutsche Mythologie, Berlin 1875-78, Band I, S. 528 Anmerkung;
56 Felix Niedner (Übers.), Norwegische Königsgeschichten, Düsseldorf-Köln 1965, Sammlung Thule Band 17, S. 31-34;
57 Zeitschrift für Ethnologie, 1921, Bd. 52-54, S. 203;
58 wie (3), S. 171;

59 Á. v. Nahodyl Neményi (Übers.), Heldenlieder der Edda – Altnordisch und deutsch, Norderstedt 2018, S. 43;

60 E. Matthias Reifegerste, Hervarar Saga – Die Saga von Hervör, Leverkusen 1989, Kap. 3 der Hs. H, S. 21;

61 Felix Niedner, Grönländer und Färinger Geschichten, Düsseldorf-Köln 1965, Sammlung Thule Band 13, S. 88;

62 wie (60), S. 76;

63 wie (60), S. 75;

64 wie (60), S. 77;

65 Johann Heinrich Voß (Übers.), Homers Werke, Stuttgart 1878, Ilias XIX, 250 – 268, S. 296;

66 wie (19), Ynglinga Saga Kap. 18, S. 43;

67 wie (5), S. 212;

68 wie (5), S. 48;

69 G. v. Neményi, Lieder der Vorzeit – Götterlieder, Heldenlieder und alte Volkslieder, Norderstedt 2013, S. 290;

70 J. N. Ritter v. Alpenburg, Mythen und Sagen Tirols, Zürich 1857, S. 54;

71 wie (70), S. 69;

72 Wilhelm Wägner, Germanische Göttersagen, Leipzig 1907, S. 168;

73 wie (56), S. 75;

74 Paul Herrmann, Erläuterungen zu den ersten neun Büchern der Dänischen Geschichte des Saxo Grammaticus, Leipzig 1901, Buch IX, S. 405f;

75 Felix Genzmer, Edda, Düsseldorf-Köln 1980, Sammlung Thule Band 2, S. 185ff. Das Original im Flateyjarbók II, 331-335;

76 wie (15), S. 134 (Landnámabók 258);

77 Felix Niedner, Die Geschichte vom Skalden Egil, Düsseldorf-Köln 1963, Sammlung Thule Band 2, Kap. 56, S. 262;

78 wie (7), Band I, S. 159, Str. 9;

79 wie (10), S.149f (die Übersetzung folgt der Originalhandschrift F);

80 wie (5), S. 85;

81 wie (74), Buch I, S. 37;

82 Stefanie Würth (Übers.), Isländische Antikensagas, München 1996, S. 11;

83 wie (82), S. 64;

84 wie (82), S. 12;

85 Aus: Gustav Schwab, „Sagen des klassischen Altertums";

86 wie (13), Buch IV, 279;

87 Ol. Graans, Relation, in: Svenska landsmålen 17, 2, S. 65ff;

88 Catrin v. Nahodyl, Die drei Hauptgötter der Pruzzen, in: Germanen-Glaube Nr. 1, 2019, S. 6f;

89 Dr. M. Perlbach (Hrsg.), Simon Grunau, Preußische Chronik, 3 Bde., Leipzig 1876, Kap. 3, S. 95;

90 wie (74), Buch V, S. 142;

91 Rosa Warrens, Norwegische, Isländische, Färöische Volkslieder der Vorzeit, Hamburg 1866, S. 414;

92 wie (91), S. 370f.

Abbildungsnachweis

Titelbild: Wilhelm Wägner, Germanische Göttersagen, Leipzig 1907 (eingefärbt durch Árpád v. Nahodyl Neményi);

1: Andreas Bæksted, Goð og Hetjur í heiðnum Síð, Copenhagen 1986;

2: Wolfgang Schultz, Altgermanische Kultur in Wort und Bild, München 1934;

3: Germanen-Glaube 2, Werbig 2012;

4: Archiv des Verfassers

5: Wilhelm Vollmer, Wörterbuch der Mythologie aller Völker, Stuttgart 1874;

7, 8: Tore Littmarck, Gamla Uppsala, Uppsala 1985;

6, 9, 10, 13, 18: Wikimedia;

Figur S. 86: Hanns Bächtold-Stäubli, Eduard Hoffmann-Krayer, Hand-wörterbuch des deutschen Aberglaubens, Band 9, Berlin, New York 1987;

11: Th. Kohlmann, S. Radau, St. Schlede, Bube Dame König Alte Spielkarten aus Berliner Museums und Privatsammlungen, Berlin 1982;

12: Salzburger Bild von Ferdinand Piatnik & Söhne, Wien, Bayerisches Bild mit Herstellerangabe „Joker";

14: Michael Müller-Wille, Opferkulte der Germanen und Slawen, Darmstadt 1999;

15: Morgan J. Roberts, Mythologie der Wikinger, Kettwig 1997;

16: Magnus Magnusson, Werner Forman, Die Wikinger – Letzte Boten der germanischen Welt, Luzern, Herrsching 1986;

17: Dr. M. Perlbach (Hrsg.), Simon Grunau, Preußische Chronik, Leipzig 1876;

Weitere Bücher

Árpád v. Nahodyl Neményi, „Quellen zum germanischen Heidentum", BoD 2017, 196 Seiten, 22 teils farbige Abbildungen, ISBN 978-3-7431-9357-4, 18,90 €.

Árpád v. Nahodyl Neményi, „Die Jüngere Edda - Altnordisch und deutsch", BoD 2017, 188 Seiten, ISBN 978-3-7448-9974-1, 14,80 €.

Árpád v. Nahodyl Neményi, „Götterlieder der Edda - Altnordisch und deutsch", BoD 2017, 316 Seiten, ISBN 978-3-7448-1008-1, 16,80 €.

Árpád v. Nahodyl Neményi, „Heldenlieder der Edda - Altnordisch und deutsch", BoD 2017, 316 Seiten, ISBN 978-3-7528-5722-1, 16,80 €.

Árpád von Nahodyl Neményi, "Kommentar zur Jüngeren Edda", BoD 2016, ISBN 978-3-7431-8114-4, 19,80 €.

Árpád v. Nahodyl Neményi, „Der Ursprung biblischer Mythen – Die Enträtselung christlicher Glaubensvorstellungen", BoD 2015, 388 Seiten, 52 Abbildungen, ISBN 978-3-7347-7522-2, 16,80 €

Árpád v. Nahodyl Neményi, „Was unsere Märchen bedeuten – Deutung der bekanntesten Märchen aus der Sammlung der Gebrüder Grimm", BoD 2015, 470 Seiten, 96 Abbildungen, ISBN 978-3-7347-9796-5, 16,80 €

Árpád von Nahodyl Neményi, „Der Slawen-Mythos - Wie aus Ostgermanen ein Volk der "Slawen" mit fremder Sprache und Mythologie wurde". BoD 2015, 210 Seiten, 36 Abbildungen, ISBN 978-37386-3786-1, 12,80 €,

Árpád v. Nahodyl Neményi, „Goden – Die heidnischen Priester der Germanen", BoD 2016, 158 Seiten, 53 teils farbige Abbildungen, ISBN 978-3-7322-8352-1, 12,80 €.

Árpád v. Nahodyl Neményi, „Kultstätten in Berlin – Altheidnische Heiligtümer, Opfersteine, Blocksberge und Kultplätze", BoD 2017, 252 Seiten, 70 teils farbige Abbildungen, ISBN 978-3-7448-1319-8, 24,- €.

Árpád v. Nahodyl Neményi, „Kultstätten im Fläming". Telesma-Verlag Treuenbrietzen 2015. 171 S., 93 meist farb. Abb., 25 Karten, ISBN 3-944064-55-0, fest gebunden, 24,– €.

Árpád v. Nahodyl Neményi, „Die Externsteine - Sagen, Überlieferungen, Volksglaube". BoD 2018. 152 Seiten, Großformat, 70 meist farb. Abb., ISBN 978-3-7460-0671-0, fest gebunden, 28,– €,

Árpád v. Nahodyl Neményi, „Thors Hammer - Mythen, Überlieferungen, Erkenntnisse". BoD 2019. 124 Seiten, 37 teils farb. Abb., ISBN 978-3-7504-1389-4, 9,80 €.

Árpád v. Nahodyl Neményi, „Liebesgöttin Freyja – Die beliebteste Göttin unserer Vorfahren". BoD 2020. 152 Seiten, 23 Abb., ISBN 978-3-7519-9464-4, 9,80 €.

Árpád v. Nahodyl Neményi, „Das geistige und materielle Weltbild", BoD 2015, 128 Seiten, 22 Abbildungen, ISBN 978-3-7347-7323-5, 6,80 €.

Árpád v. Nahodyl Neményi, „Schicksal, Träume, Vorzeichen – Autobiographische Erlebnisse eines naturreligiösen Menschen". BoD 2020. 206 Seiten, ISBN 978-3-7504-9419-0, 11,80 €.

Árpád v. Nahodyl Neményi, „Weisheit der Runen – Orakel, Schrift, Kalender". BoD 2020. 156 Seiten, 44 Abb., ISBN 978-3-7519-5095-4, 9,80 €,

Árpád v. Nahodyl Neményi (Hrsgb.), „Saemundar-Edda – Altnordisch". BoD 2019. 316 Seiten, ISBN 978-3-7494-4867-8, 16,80 €.

Géza v. Neményi, „Lieder der Vorzeit – Götterlieder, Heldenlieder und alte Volkslieder", Reihe Altheidnische Schriften, BoD 2013, 392 Seiten, fest gebunden, ISBN 978-3-8482-6853-5, 39,80 €.

Géza v. Neményi, „Götter, Mythen, Jahresfeste - Heidnische Naturreligion", Reihe Altheidnische Schriften, Kersken-Canbaz-Verlag 2004, 284 Seiten, 40 Abbildungen, ISBN 3-89423-125-4, 23,90 €.

Géza v. Neményi, „Die Wurzeln von Weihnacht und Ostern – Heidnische Feste und Bräuche", Kersken-Canbaz-Verlag, Holden-stedt 2006, 275 Seiten, 62 Abbildungen, ISBN 3-89423-132-7, 24,80 €.

Géza v. Neményi, „Die Sprache der Vögel - Deutung von Angang, Flug und Stimme der Vögel", Kersken-Canbaz-Verlag 2015, 161 Seiten, 60 Abbildungen, ISBN 978-3-89423-137-8, 13,80 €.

Géza v. Neményi, „Kommentar zu den Götterliedern der Edda – Teil 1, Die Odinslieder", Kersken-Canbaz-Verlag, Holdenstedt 2008, 250 Seiten, 20 teils farbige Abb., ISBN 978-3-89423-133-0, 29,80 €.

Géza v. Neményi, „Kommentar zu den Götterliedern der Edda – Teil 2, Die Thorslieder", Kersken-Canbaz-Verlag 2012, 151 Seiten, 26 teils farbige Abbildungen, ISBN 978-3-89423-133-0, 22,90 €.

Géza v. Neményi, „Kommentar zu den Götterliedern der Edda – Teil 3, Die Vanenlieder", Kersken-Canbaz-Verlag, Holdenstedt 2014, 221 Seiten, 11 Abbildungen, ISBN 978-3-89423-136-1, 27,80 €.

www.allsherjargode.de